Pierre Stutz

Leben ist im Augenblick

Mit Fotografien
von Andrea Göppel

INHALT

LEBEN IST IM AUGENBLICK

Manchmal setze ich mich an einen Bach und schaue lustvoll und nachsinnend dem Spiel von Wasser und Steinen zu. Ihr faszinierender »Dialog« hilft mir, mich von der einseitigen Vorstellung zu verabschieden, endlich das Leben »im Griff« zu haben. Steine und Wasser, in sich gefestigt sein *und zugleich* beweglich-kreativ bleiben: So heißt jene zeitlose Lebenskunst, der ich mich anvertraue.
Das Spiel von Steinen und Wasser lädt mich ein, mit Menschen, die durch die Härte des Lebens durchgeschüttelt werden, mitfühlend zu sein, ohne mich selbst zu verlieren. In sich zu ruhen *und* solidarisch zu sein heißt jene Lebensspur, der ich gerne folge. Sie erinnert mich an die befreiende Herausforderung, jedem Menschen Verwandlung zuzugestehen.
Steine und Wasser locken mich, hineinzuwachsen in ein Vertrauen, dass all mein Hoffen und Zweifeln in etwas Größerem, im Fluss der Liebe gut aufgehoben sind. Diese Zusage erlöst mich von einer Diktatur der Schnelligkeit, in der ich immer schon weitersein müsste, in der das, was ich tue, nie genügt. Ich bin eingeladen, die Verabredung mit einem erfüllten Leben nicht auf später zu vertagen.

Leben im Augenblick wird möglich: ein tiefes Aufatmen, ein Genießen der Schöpfung, das Wagnis von Hingabe, Dankbarkeit für all die vielen alltäglichen Wunder …
Leben ist im Augenblick: Wasser und Steine in ihrem Spiel bestärken mich in der Zuversicht, dass ich mir treu bleibe im Wandel. Sie zeigen mir auf, wofür es sich zu leben lohnt: an einer zärtlich-gerechteren Welt mitzugestalten – dank meinem regelmäßigen Schöpfen aus meiner göttlichen Kraftquelle.

Pierre Stutz

GÖTTLICHER LICHTFUNKE

Mit den Augen der Ewigkeit
die Wirklichkeit anschauen
im Verweilen im Hier und Jetzt

Steine und Wasser erkennen
als Bilder meiner Seelenlandschaft
die Faszination und Widersprüchlichkeit ausdrücken

Fester Grund
endlose Tiefe
göttliche Lichtfunken in allem

WOHLWOLLENDE KLARHEIT

Die Klarheit des Wassers
ermöglicht mir in die Tiefe zu schauen
um eine große Vielfalt zu erkennen
die sein darf und aufgehoben ist

Wohlwollende Klarheit
wünsche ich uns in unseren Beziehungen
die dankbares Staunen fördert
ohne die Verschiedenheit zu leugnen

Lebensfördernde Tiefe
wünsche ich uns in unserer Sinnsuche
die das Schwere in der Selbstwerdung
im Fluss des Lebens leichter werden lässt

IN MEINEM TIEFSTEN SEELENGRUND

Den ewigen Ort in mir erahnen
um zur Tiefe allen Seins zu gelangen
die dem Geformtsein meines Lebens
eine Hoffnungsperspektive schenkt

Den ewigen Ort in mir erkennen
um meine Schatten integrieren zu können
weil Du in meinem tiefsten Seelengrunde
geheimnisvoll wohnst und wirkst

Den ewigen Ort in mir betreten
der verbindet mit dem Fluss des Seins
und bewegt zum achtsamen Mitsein
mit Schöpfung und Kosmos

MICH NICHT MEHR AUFHALTEN LASSEN

Im Fluss des Seins
zur Lebendigkeit bewegt
die Leichtigkeit des Werdens genießen

Mich nicht mehr aufhalten lassen
von Ungereimtheiten und Unausgeglichenheiten
dankbar deine Lebenskraft feiern

Lachen können über die Kleinlichkeiten des Alltags
deinen ewigen Glanz erahnen
der meinem Leben einen neuen Spielraum eröffnet

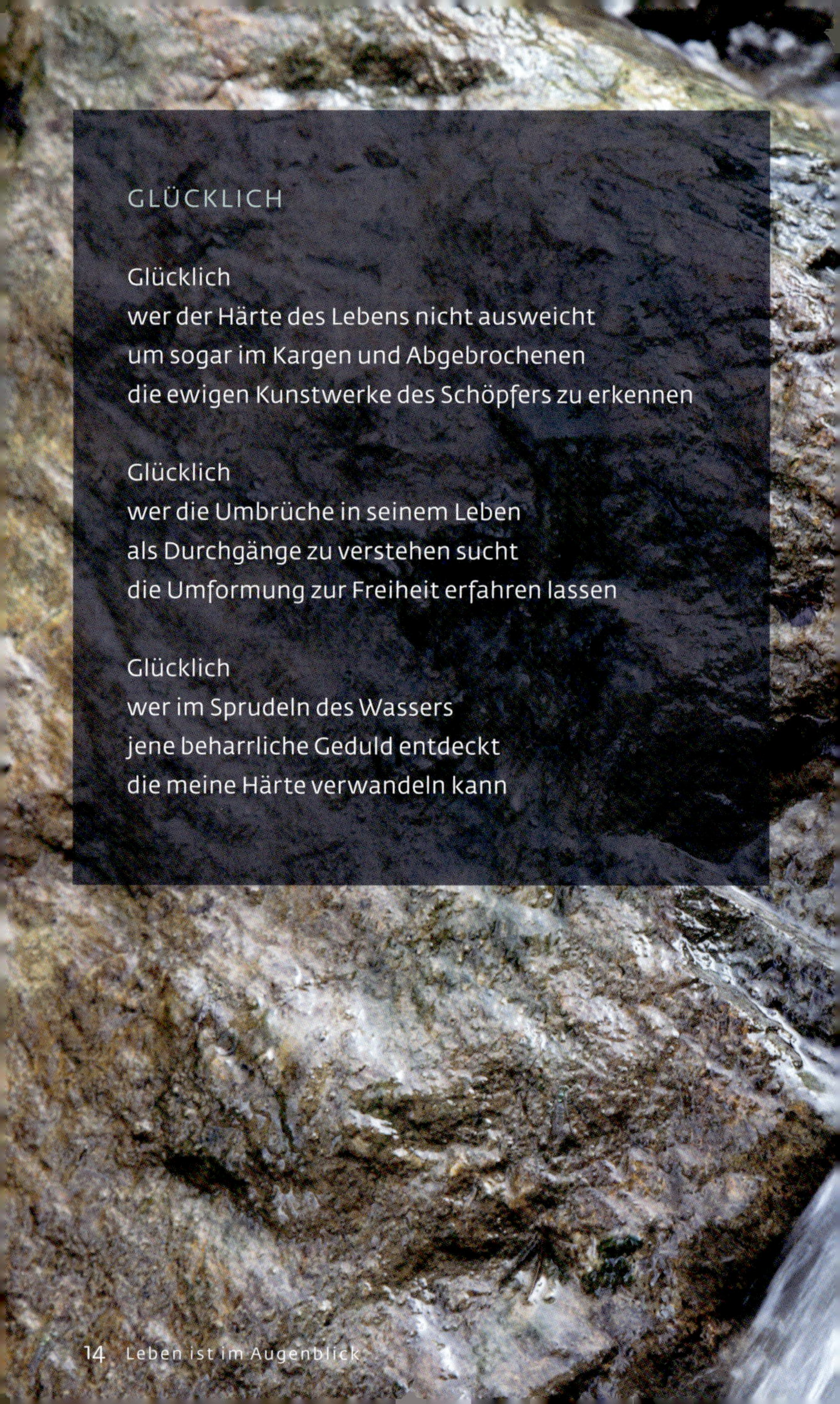

GLÜCKLICH

Glücklich
wer der Härte des Lebens nicht ausweicht
um sogar im Kargen und Abgebrochenen
die ewigen Kunstwerke des Schöpfers zu erkennen

Glücklich
wer die Umbrüche in seinem Leben
als Durchgänge zu verstehen sucht
die Umformung zur Freiheit erfahren lassen

Glücklich
wer im Sprudeln des Wassers
jene beharrliche Geduld entdeckt
die meine Härte verwandeln kann

BRÜCKE SEIN

Die Brücke erkennen in meinem Leben
die mir den Zugang zu meinen Mitmenschen
und zur ganzen Schöpfung ermöglicht

Die Brücke erkennen in meiner Geschichte
die mir den Zugang zu meiner Vergangenheit eröffnet
zu meiner tiefen Verwurzelung

Die Brücke erkennen
die sich spiegelt in meiner Tiefe
und mich erahnen lässt
wie alles zum Ganzen wird

Selber Brücke werden
damit die Angst vor dem Fremden überwunden wird
damit Versöhnung eine Wirklichkeit bleibt
damit das Verbindende in allen Religionen gefeiert wird

HIMMEL UND ERDE

Himmel und Erde verbinden
Tag für Tag
Nacht für Nacht

Licht und Schatten annehmen
in meiner Menschwerdung
im Engagement für Solidarität und Toleranz

Augenblick und Ewigkeit erkennen
im aufmerksamen Meditieren
der Berge
der Bäume
der Steine
der Blätter
des Himmels
des Wassers

Du atmest in allem

HOFFNUNGSLINIEN

Meine Lebenslinien
wo beginnen sie
wohin führen sie

Deine Lebenslinien
woher kommen sie
wohin fließen sie

Unsere Lebenslinien
sie begegnen sich
sie verändern sich
sie berühren sich

Du
bist jene Hoffnungslinie in unseren Beziehungen
die öffnet und verbindet

HALTE INNE

Komm
zum Ort deiner Ruhe
zum festen Grund
zum fließenden Sein

Halte inne
nimm dich ernst
mit deiner Fülle von Erfahrungen
gezeichnet von Lust und Schmerz

Werde ruhig
lass los
in der befreienden Erinnerung
in Ewigkeit geborgen zu sein

Leben ist im Augenblick

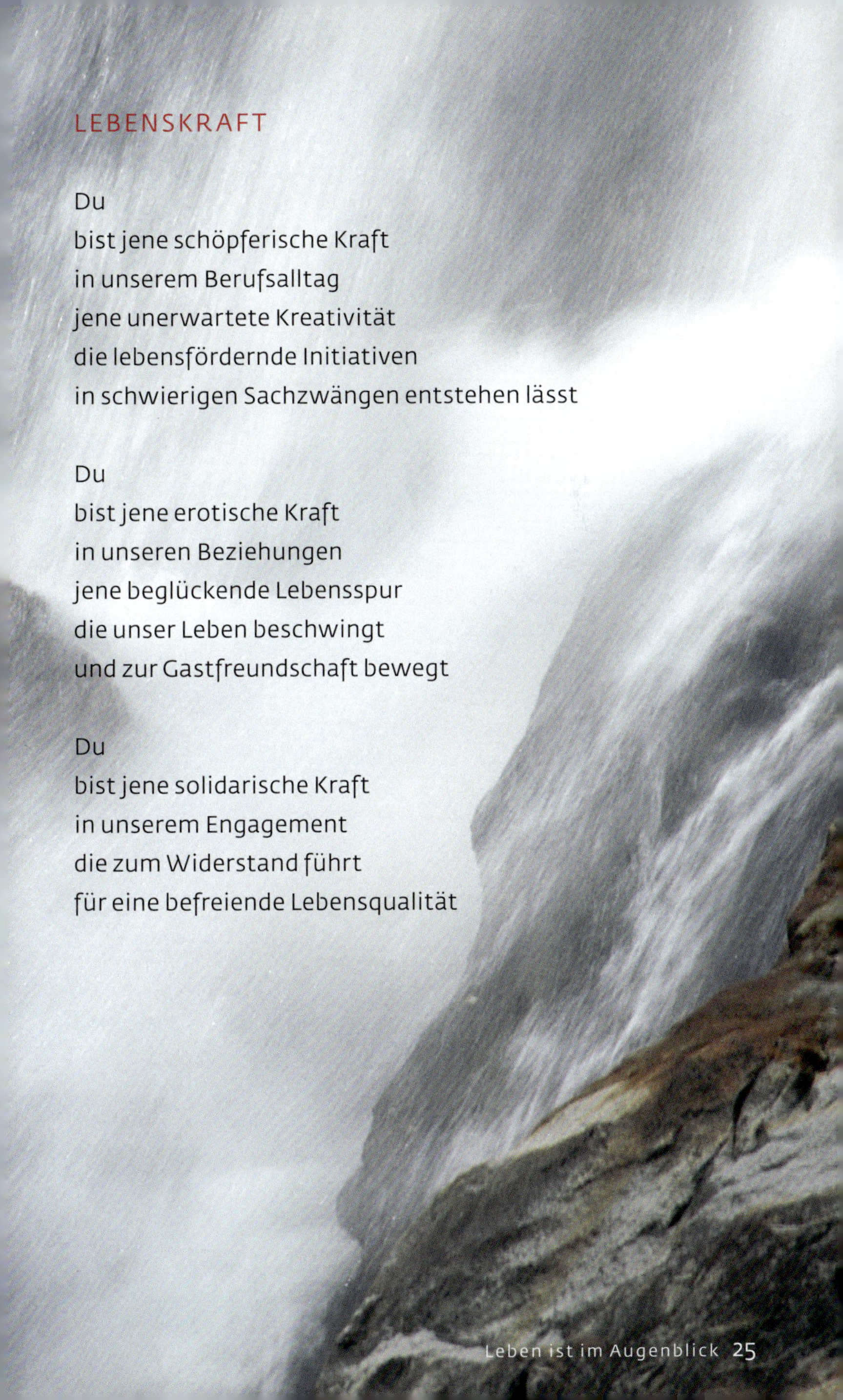

LEBENSKRAFT

Du
bist jene schöpferische Kraft
in unserem Berufsalltag
jene unerwartete Kreativität
die lebensfördernde Initiativen
in schwierigen Sachzwängen entstehen lässt

Du
bist jene erotische Kraft
in unseren Beziehungen
jene beglückende Lebensspur
die unser Leben beschwingt
und zur Gastfreundschaft bewegt

Du
bist jene solidarische Kraft
in unserem Engagement
die zum Widerstand führt
für eine befreiende Lebensqualität

WERDE

Werde
lass dich gehen
wage Hingabe

Werde
Raum und Zeit sind wie aufgehoben
alles fließt

Werde
genieße die Farbigkeit des Lebens
sie bewegt zur Achtsamkeit

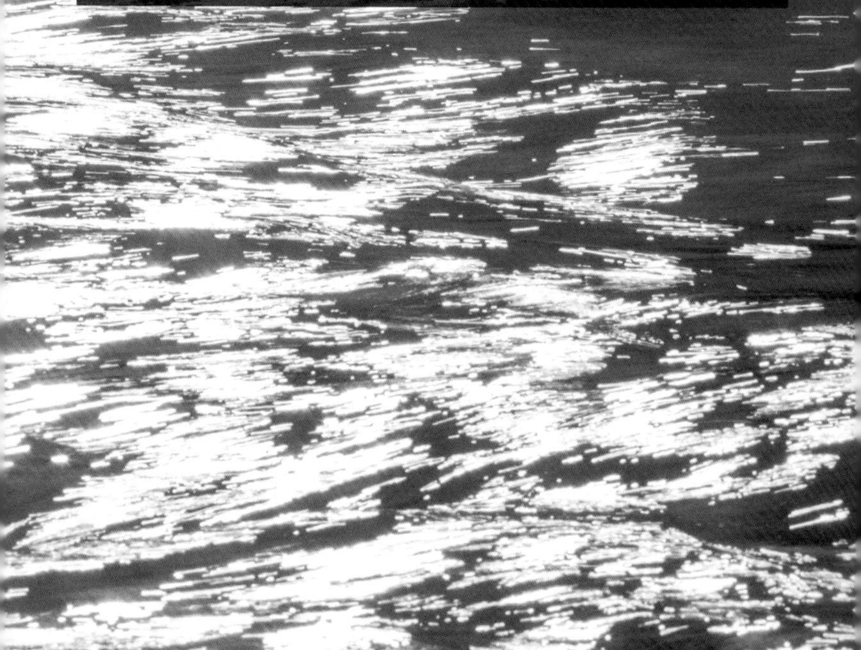

BEWEGUNG IM STILLSTAND

Echtes Leben gebiert sich
nicht nur durch entschiedene Klarheit
sondern auch in Zeiten der verunsichernden
Unentschlossenheit

Echtes Leben ereignet sich
im wohlwollenden Annehmen
der Zeiten des Zweifels und der Verschwommenheit

Echtes Leben entfaltet sich
im vertrauensvollen Erahnen
der Bewegung im Stillstand

IM FLUSS

Schöpfung und Kosmos
laden uns ein
den dynamischen Prozess des Lebens
wohlwollend zu verinnerlichen

Chaos und Ordnung
Brüche und Ganzheit
Blockierungen und Fluss
dürfen sein

Verabschiede dich alltäglich
von der einseitigen Vorstellung
das Leben im Griff zu haben
es ist ewig im Fluss

SPIELRAUM DER SEELE

Betrachte
deine Seele
als kraftvollen Fluss
der dir jenen Spielraum
im Leben eröffnet
der die Lebensfarben
genießt und kultiviert

Betrachte
deine Seele
als das Lebendige
in deiner Sinnsuche
in deinen Beziehungen
in deiner Schöpfungsverbundenheit
in deinem Ringen
in deinem Loslassen
in deinem Schreien
in deinem Aufatmen

NUR EIN BLATT

Ein Blatt
unscheinbar
einmalig
kostbar

Ein Blatt
eine Seite deines Lebens
die du nicht mehr verstecken wirst
sondern mittragen lässt

Ein Blatt
das dem Ganzen
eine andere Aufmerksamkeit schenkt
und uns zeigt
wie wichtig jede und jeder ist

MICH HINEINBEGEBEN

Angesichts der Ewigkeit
erhält mein Leben
eine neue Qualität

Nicht mehr krampfhaft
alles alleine tun
nicht mehr festhalten
an einengenden Bildern und Formen
nicht mehr meinen
mein Wert sei allein an Leistung gebunden

Angesichts der Ewigkeit
mich hineinbegeben in den Fluss der Liebe
selbst-los werden

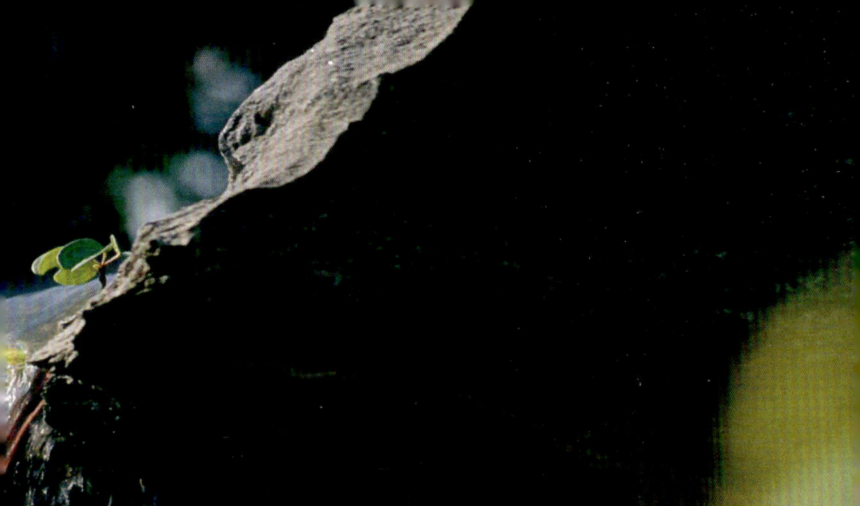

EWIGER AUGENBLICK

Das Erfrischende im Leben
schätzen und fördern
mitgestalten an einer Kultur
der Zärtlichkeit und der Kreativität

Dem Erfrischenden im Leben
Raum schaffen
Widerstand leisten
für eine menschenfreundliche Welt
die einer ökologischen Achtsamkeit verpflichtet ist

Das Erfrischende im Leben
im tiefen Ein- und Ausatmen erfahren
im Genießen
der Kraft des Augenblicks
die uns ewig geschenkt ist

Neu gestaltete Ausgabe des 2005 in Luzern ersterschienenen Bandes »Mit den Augen der Ewigkeit«

Zum Autor:
Pierre Stutz ist einer der gefragtesten spirituellen Lehrer unserer Zeit. Er lebt am Genfer See und inspiriert in Vorträgen und Kursen im gesamten deutschsprachigen Raum die Menschen zu einer geerdeten und befreienden Spiritualität. Seine über vierzig Bücher haben eine Auflage von mehr als einer Million Exemplaren und wurden in sechs Sprachen übersetzt. Schreiben ist für Pierre Stutz ein »feu sacré«, ein inneres Feuer. Die Kraft seiner Texte zieht er aus der christlichen Mystik und biblischen Quellen – aber auch aus der Überzeugung, dass Spiritualität dazu dient, zu befreien und zu weiten. Das eigene Leben wird kostbar, wenn die spirituelle Dimension des Alltags erkannt ist.
www.pierrestutz.ch
Der kostenlose Newsletter von Pierre Stutz: pierrestutz.ch/newsletter/

Zuletzt von Pierre Stutz im Verlag am Eschbach erschienen:
Bei sich selber zu Hause sein. Weihnachtliche Inspirationen (70564)
Hoffnung ist ein Wort aus Licht (70518)
Friedenslichter (70505)
Danke für alles (70472)
Lächle dem Leben zu (70524)
Du, mein Segen (70343)
Du bist ein Geschenk (70222)

Mit Fotos von:
Andrea Göppel, Fotografiemeisterin und Buchgestalterin. Die Philosophie ihrer Fotografie liegt darin „Augenblicke des Lebens, Stimmungen der Natur, kaum bemerkte Details sichtbar werden zu lassen".
www.andrea-goeppel.de

ISBN 978-3-86917-639-0

ein Unternehmen der Verlagsgruppe Patmos
in der Schwabenverlag AG, Ostfildern
Im Alten Rathaus/Hauptstraße 37
D-79427 Eschbach/Markgräflerland

MIX
Papier aus verantwortungsvollen Quellen
FSC
www.fsc.org
FSC® C043106

www.verlag-am-eschbach.de

Gesamtgestaltung: Angelika Kraut, Verlag am Eschbach
Umschlag- und Innenfotos: © Andrea Göppel
Schriftvorlagen: Ulli Wunsch, Wehr
Herstellung: Grafisches Centrum Cuno GmbH & Co. KG, Calbe

Manufakt
Dieser Baum steht für umweltschonende Ressourcenverwendung, individuelle Handarbeit und sorgfältige Herstellung.

ÉLÉMENTAIRE, MON CHER LOCK !

Éluciderez-vous ces 35 enquêtes ?

Vincent Raffaitin

LAROUSSE

Direction de la publication : Carine Girac-Marinier
Édition : Ella-Meï Tabernero Chaudet
Direction artistique : Uli Meindl
Conception graphique : Sophie Rivoire
Mise en page : Tiphaine Desmoulière
Fabrication : Marlène Delbeken

Crédits des illustrations :
Vincent Raffaitin (pages 53, 54, 67, 73), Shutterstock, AdobeStock

21, rue du Montparnasse
75283 Paris Cedex 06

ISBN : 978-2-03-598110-3

SOMMAIRE

ENQUÊTE N°I

ÉCHEC ET MAT

John Watson s'affaire dans la cuisine à préparer le thé pour Sherlock Holmes et son client, un certain Dany Dubridge. Depuis sa position, Watson observe avec attention l'individu. C'est un homme d'une soixantaine d'années, élégamment vêtu d'une veste crème et d'un pantalon noir. Il est chauve, mais sa barbe blanche bien entretenue et ses yeux noirs perçants lui donnent l'aspect d'un homme tout à fait charmant. Tout en versant l'eau chaude dans les tasses, Watson écoute la conversation entre les deux hommes…

- C'est donc vous l'auteur de cette annonce parue dans le journal ? demande Sherlock Holmes à son interlocuteur en lui tendant un imprimé où un petit texte est entouré en rouge.

- Tout à fait, répond M. Dubridge. La police locale n'ayant pas la moindre piste, je ne savais pas comment faire pour retrouver mon trophée volé, alors j'ai fait passer cette annonce dans le *London Times* en espérant que quelqu'un puisse mener l'enquête ! Quand j'ai lu dans l'édition de ce matin que vous aviez mis la main dessus, j'ai tout de suite accouru chez vous. Vous êtes un enquêteur de génie, M. Holmes, dit-il en regardant la somptueuse sculpture en bronze trônant au milieu de la table.

Bien calé dans son fauteuil et impassible face à ce compliment, Sherlock Holmes regarde l'homme fixement, droit dans les yeux. Un silence pesant s'installe dans la pièce, puis le détective reprend la parole.

- Pourriez-vous m'expliquer dans quel cadre vous avez reçu ce trophée ? demande Holmes.

- Bien sûr ! répond M. Dubridge avec un grand sourire. Je l'ai gagné lors de ma victoire au dernier tournoi d'échecs de Brighton l'an passé. C'est l'une de mes plus grandes fiertés, je me suis entraîné des années pour ce tournoi. Voilà pourquoi ce trophée est des plus précieux pour moi, et je ne parle pas de sa haute valeur marchande, presque 15 000 livres !

- Pardonnez mon impolitesse mais je serais ravi de vous affronter sur une partie, dit Sherlock dont le visage vient de s'illuminer. Les bons adversaires sont si rares de nos jours !

- Ce serait un honneur de jouer contre vous, M. Holmes.

Aussitôt dit, Holmes attrape sur une petite étagère derrière son siège un plateau et une boîte d'échecs.

- Ah, vous désirez jouer ici et maintenant ? demande Dany Dubridge.

- Exactement. Je souhaiterais continuer de discuter avec vous des circonstances du vol de votre bien tout en jouant. J'aimerais coincer le larron qui vous a subtilisé votre trophée. Je n'ai pas beaucoup d'affaires intéressantes en ce moment et celle-ci, allez savoir pourquoi, me passionne !

- Eh bien, vous me voyez ravi de vous donner une occupation des plus palpitantes, répond l'homme tout en plaçant ses pions sur le plateau de jeu. Mais je crains fort de ne pas pouvoir vous apporter beaucoup d'informations. Je revenais de vacances à l'étranger et en rentrant chez moi, j'ai trouvé un carreau de fenêtre fracassé et ma statuette dérobée.

Tout en écoutant son client, Sherlock Holmes ouvre la partie en déplaçant un pion de deux cases en avant. M. Dubridge, en continuant à expliquer le drame, fait de même.

Les deux hommes, concentrés, poursuivent ensuite leur affrontement en silence.

Watson apporte les tasses de thé, sûrement froides depuis le temps, et les dépose sur la table à côté du plateau de jeu. Mais cela ne semble pas perturber les deux adversaires dans leur lutte stratégique.

Les coups s'enchaînent sans répit. Quand l'un attaque, l'autre riposte avec brio. Sherlock place sa tour en E7, mettant le roi de son adversaire en échec. Il semble avoir le dessus, mais M. Dubridge ne se laisse pas abattre : il déplace son fou de B5 en E5, bloquant de ce fait la tour et reprenant visiblement l'avantage.

- Veuillez m'excuser, dit Holmes un peu gêné, je reviens tout de suite. J'ai dû abuser du thé avant votre venue, je dois satisfaire à la nature.

Le détective se lève et se dirige vers le couloir de l'appartement.

Au bout de quelques instants de silence gênant, M. Dubridge adresse la parole pour la première fois à Watson :

- Quel homme formidable, ce Sherlock Holmes ! Cela doit être très stimulant et fascinant de travailler à ses côtés, non ?

- Dans un sens oui, répond Watson, mais je…

Il est interrompu dans sa phrase par Sherlock qui pénètre dans la pièce.

- Allons, cher ami, ne perturbez pas notre invité. Nous avons une partie à finir et je doute qu'il soit très intéressé par votre conversation.

On aurait giflé Watson que cela n'aurait pas été plus douloureux. Vexé, il retourne d'un pas rapide dans la cuisine. Marmonnant dans son coin, il jette de temps à autre un coup d'œil dans le salon pour suivre l'évolution de la partie, tout en espérant secrètement assister à une défaite cuisante de Sherlock.

Une tasse de thé plus tard, des bruits sourds résonnent dans l'escalier et quelqu'un tambourine à la porte de l'appartement de Holmes.

- Watson, dit Holmes, allez voir ce que c'est !

ENQUÊTE N°I

Machinalement, Watson se dirige vers la porte et ouvre. Pénètrent alors dans l'appartement l'inspecteur Lestrade et deux officiers de police.

Sans se retourner, Sherlock leur adresse la parole.

- Messieurs, soyez les bienvenus. Inspecteur, je vous présente Dany Dubridge, ou du moins l'homme qui prétend l'être, dit Sherlock en pointant son adversaire à l'aide du cavalier qu'il vient de lui prendre. Cet homme a voulu voler le trophée que je viens tout juste de retrouver.

Sherlock lève la tête vers Dubridge.

- Échec et mat, mon cher ! Merci pour cette partie fort intéressante.

Dubridge se redresse sur son fauteuil, incrédule. Puis, croisant le regard noir et assuré de Holmes et comprenant qu'il ne pourra ni objecter ni fuir, il se résigne et laisse les deux officiers de police l'embarquer.

Watson assiste à la scène les yeux écarquillés. Il salue l'inspecteur Lestrade et ses officiers quand ils quittent les lieux, puis se tourne vers Holmes qui remet tranquillement les pièces du plateau en ordre.

- Finalement, ce n'était pas un si mauvais adversaire. Une partie, Watson ?

Comment Sherlock a-t-il su que l'homme qui se faisait passer pour Dany Dubridge était un imposteur ?

SIGNATURE

Sherlock Holmes et John Watson sont au domicile d'Herbert Conrad, un magnat de l'immobilier londonien. Toute la matinée, leur hôte a été en rendez-vous avec Philip Smith, un riche propriétaire terrien qui était en conflit avec lui. Était ! Selon la déposition de Philip Smith, à 11 h 48, alors qu'Herbert était en train de signer un document en sa présence, il s'est écroulé de tout son long sur son bureau. Aurait-il été empoisonné ?

Watson, sur le pas de la porte, observe Sherlock Holmes inspecter minutieusement tous les objets posés sur le bureau du défunt : deux tasses à thé vides, une petite assiette avec quelques gâteaux secs, une pile de documents parfaitement disposés, un encrier et deux stylos-plume bien rangés ainsi que l'édition du jour du *London Times*. Watson fronce les sourcils. Que peut regarder Sherlock aussi scrupuleusement ? Pourquoi n'observe-t-il pas la dépouille de la victime étalée au sol ? S'approchant du bureau, il remarque que l'un des petits gâteaux gisant à côté de Conrad est entamé. Il est interrompu dans ses pensées par l'entrée dans la pièce de Lestrade, l'inspecteur de police en charge de l'affaire.

ENQUÊTE N°2

- Sherlock, ravi de vous voir. Je vais avoir besoin de vos talents pour résoudre ce meurtre. Aucun des trois suspects que j'ai sous la main ne semble avoir commis le méfait. Ils m'assurent tous n'avoir touché à rien depuis la mort de M. Conrad. Pourriez-vous les interroger ?

- Évidemment, répond Sherlock, allons-y. Dans le salon, Holmes et Watson écoutent attentivement le témoignage des trois suspects.

Philip Smith est dans tous ses états, visiblement choqué par les événements de la matinée. Il est persuadé – serait-ce de la mauvaise conscience ? – qu'il était la cible de l'assassin. Il a dû se tromper de tasse en buvant le thé, et c'est Conrad qui a bu le poison. Watson l'interroge à propos d'un éventuel mobile, mais Smith se braque et déclare qu'il refuse de répondre une nouvelle fois aux questions de la police, il a autre chose à faire et doit immédiatement se rendre au centre-ville pour conclure une affaire de la plus haute importance.

Sherlock Holmes se tourne alors vers Mlle Burbank, la secrétaire, qui peine à sécher ses larmes. Elle était admirative de la réussite sociale de son patron et elle l'appréciait humainement. Il était juste et sympathique avec elle.

Quand Watson oriente la conversation sur le thé qu'elle a apporté aux deux hommes dans la matinée, Mlle Burbank affirme qu'il a été préparé à la cuisine, dans la même théière que d'habitude. Si l'une des tasses a été empoisonnée, elle n'est responsable de rien. Certes, Philip Smith n'a pas une très bonne réputation, mais elle n'a rien à lui reprocher personnellement.

Watson s'adresse alors à Freddy Gema, le jardinier. Ce dernier assure qu'il ne met que très rarement les pieds dans la maison. Il n'a appris le décès de M. Conrad qu'à l'arrivée de la police. Ce n'est pas un homme très causant et Holmes ne parvient pas à lui soutirer plus de paroles que cela.

Sherlock se tourne alors vers l'inspecteur Lestrade.

- Effectivement inspecteur, ces trois personnes sont de piètres témoins. Seulement, je sais qui est l'auteur de ce crime. Inspecteur, arrêtez cette personne, dit Sherlock en pointant du doigt le meurtrier.

Qui a tué Herbert Conrad ? Et comment Sherlock Holmes a-t-il pu le deviner ?

ENQUÊTE N°3

Coup fatal

Minuit, l'heure du crime. Enfin, c'est ce qu'affirme le médecin légiste après avoir examiné le corps sans vie de Marc Poulu, un célèbre journaliste local.

Une plaie d'une largeur de quatre centimètres environ, probablement faite avec un couteau de cuisine, marque l'abdomen du mort. Le sang a séché sur sa chemise bleue, y laissant une tache sombre.

Il est 00 h 43 lorsque Holmes et Watson arrivent sur les lieux. L'inspecteur Lestrade et son équipe ont quadrillé tout le secteur à la recherche de témoins. Quatre personnes attendent assises sur un banc à quelques mètres de là, encadrées par quatre policiers en uniforme.

- Watson, merci d'aller interroger les témoins, dit Holmes.

- Vous ne voulez pas entendre ce qu'ils ont à dire ? demande Watson étonné.

- Si, mais je n'ai pas vraiment envie de parler ce soir, je peux très bien entendre leurs réponses d'ici. Et puis cela vous servira d'exercice pour parfaire vos techniques d'interrogatoire !

Watson, fier de pouvoir questionner les quatre témoins tout seul, se dirige vers eux. Subitement, en arrivant près d'eux, il comprend pourquoi Holmes l'a envoyé à sa place. L'un d'entre eux, un mendiant aviné et d'un âge avancé, dégage une odeur pestilentielle, et Sherlock s'en est très certainement douté.

Watson enrage mais commence néanmoins, sans grande conviction, ses interrogatoires.

Sans surprise, l'homme aviné et nauséabond n'a rien vu, rien entendu. Peut-être une silhouette d'homme qui pourrait éventuellement correspondre à la victime et qui marchait tranquillement sur le trottoir d'en face. Mais très vite, ses paroles deviennent incohérentes. Watson ne parvient pas à en tirer davantage.

Il interroge ensuite le deuxième témoin, une jeune femme d'une trentaine d'années qui faisait les cent pas dans la rue à ce moment-là. Selon sa déclaration, elle attendait un ami qui, visiblement, n'a pas honoré le rendez-vous qu'il lui avait donné. En le cherchant du regard, elle a reconnu Marc Poulu, qu'elle avait rencontré à un cocktail chez des amis communs. Sidérée et impuissante, elle a assisté au meurtre. Un homme est arrivé derrière lui, vêtu d'un long manteau sombre, un chapeau rivé sur la tête. Il avait probablement entre 40 et 50 ans. Il a sorti un couteau et a poignardé le pauvre Marc lâchement dans le dos. Sur ces mots, la jeune femme éclate en sanglots. Watson la laisse tranquille et demande à un policier en uniforme de bien vouloir s'occuper d'elle.

Il se tourne alors vers le troisième témoin, un homme à la mine patibulaire qui n'inspire pas confiance, surtout dans la rue à une heure pareille. Watson maîtrise le frisson qui lui parcourt le corps quand il croise le regard de cet homme. Ses yeux sont froids, durs. Quand il l'interroge, curieusement, sa voix est douce et posée. Il marchait sur le même trottoir que la victime, lorsqu'une silhouette a surgi brutalement d'une ruelle. Une brève altercation dont il n'a pas pu entendre la teneur a éclaté et, quelques instants plus tard, Marc Poulu s'est écroulé sur le trottoir. La silhouette a disparu aussi furtivement qu'elle était apparue. Watson le remercie et s'adresse alors au dernier témoin.

Ce quatrième et dernier témoin confirme ce que Watson savait déjà : l'attaquant portait un chapeau mais, à cause de l'obscurité de ce côté de la rue, il n'a pas d'informations plus pertinentes à donner.

Watson se tourne vers Sherlock Holmes tout en consultant les quelques notes qu'il a prises.

- Je suis désolé Sherlock, je n'ai pas réussi à tirer grand-chose des témoins. Il va nous falloir trouver d'autres indices si nous voulons coincer le meurtrier.

- Je vous rassure Watson, vous avez fait du très bon travail. Nous avons déjà le coupable sous les yeux.

Qui a tué le journaliste Marc Poulu ?

ENQUÊTE N°4

UNE ANNÉE DE PLUS

Cette année, pour l'anniversaire de Sherlock Holmes, son fidèle ami John Watson s'est surpassé. Il lui a préparé une petite surprise à sa façon, une sorte de piège dans lequel Sherlock Holmes va tomber et s'empêtrer. Une histoire de vol de bijoux impossible à résoudre. Watson est ravi à l'idée de voir son ami se creuser la cervelle dans tous les sens, persuadé, comme toujours, d'être capable de trouver la solution.

11 h 38. Dans deux minutes, Mlle Alice, la complice de Watson, va passer la porte de l'appartement. Elle va s'asseoir sur le fauteuil en face de Sherlock et lui présentera son histoire.

On sonne.

- Watson, allez ouvrir, je vous prie, demande Sherlock.

Watson s'exécute et salue poliment Mlle Alice, comme il le ferait pour n'importe quelle cliente.

- Par ici, Mademoiselle, prenez ce siège, dit Watson en désignant le fauteuil face à Sherlock.

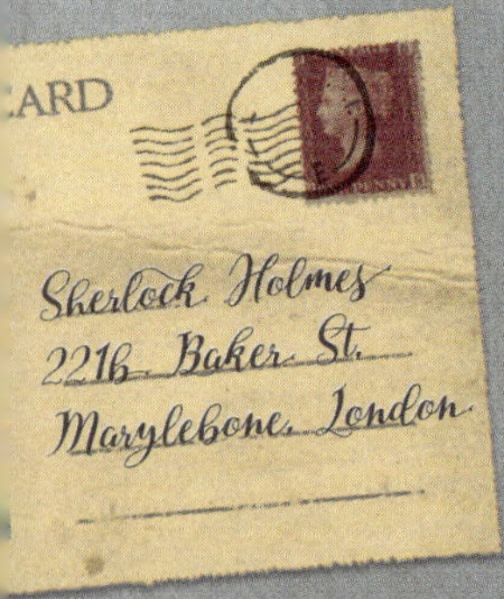

- Bonjour M. Holmes, commence-t-elle timidement. Merci de me recevoir aussi rapidement.

- Je vous en prie, dit Sherlock en dévisageant la jeune femme. Il paraît que

votre affaire est compliquée. Veuillez me la narrer, s'il vous plaît. Mais avant toute chose, désirez-vous un thé ?

- Oh oui, volontiers, répond la jeune femme avec un délicat sourire.

- Watson, préparez-nous deux tasses de thé, je vous prie.

Pendant que Watson fait bouillir l'eau dans la cuisine, Mlle Alice raconte sa mésaventure.

La veille au soir, en rentrant chez elle, elle a découvert qu'elle avait été cambriolée dans la journée. Personne dans sa maisonnée n'avait rien entendu. Sa coiffeuse avait été fouillée dans les moindres recoins, sa chambre était sens dessus dessous, et les coffres contenant ses bijoux les plus précieux avaient été vidés.

Watson apporte les tasses de thé, avec un nuage de lait dans celle de Sherlock et un sucre dans celle de Mlle Alice. Sans interrompre son récit, la jeune femme expose dans les moindres détails ses déplacements de la journée et les alibis que ses employés de maison ont donné à la police qu'elle a aussitôt contactée mais qui est, sans conteste, dans une impasse concernant le voleur. Et c'est pourquoi elle est venue voir le célèbre détective qu'est M. Holmes.

Sherlock s'enfonce dans son fauteuil et, les yeux dans le vague, pose une quantité de questions auxquelles Mlle Alice a parfois du mal à répondre. Depuis quand emploie-t-elle sa femme de ménage ? Qui lui a conseillé d'embaucher ce jardinier ? La cuisinière est-elle ponctuelle ? A-t-elle récemment fait venir un homme chez elle pour la première fois ?

À cette question, Mlle Alice se raidit, rougit et tourne machinalement sa cuillère dans sa tasse. Pendant quelques instants ne résonne dans la pièce que le bruit métallique de la cuillère qui frotte contre la céramique de la petite tasse.

- Ne soyez pas gênée par ces questions, Mademoiselle, lance Watson. Mon ami est parfois peu délicat mais il est nécessaire, pour résoudre correctement une enquête, de connaître tous les détails de la vie de notre client. Cela permet de…

Holmes lui coupe la parole.

- Bien joué Watson, bien joué ! J'ai failli me faire avoir ! Je n'avais pas fait attention à la date. C'est une jolie attention que vous m'avez portée aujourd'hui.

Watson feint de ne pas comprendre, mais Holmes se tourne vers Mlle Alice et enchaîne.

- Toutes mes félicitations, Mademoiselle, vous avez parfaitement joué votre rôle. J'ai vraiment cru que l'on vous avait porté préjudice, dit-il d'un

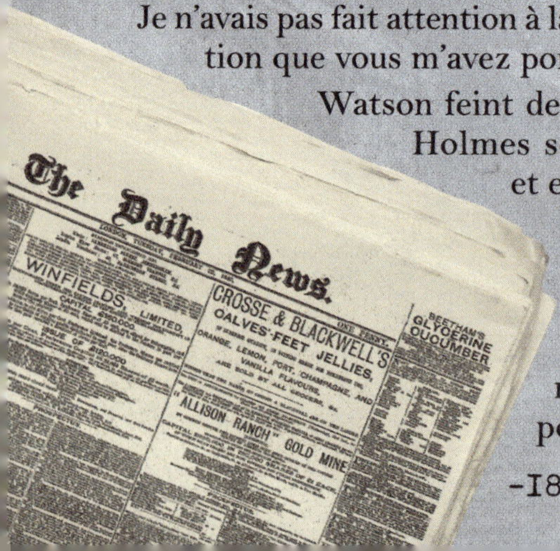

ton étonnamment sympathique avant de se lever d'un bond. Vous m'avez bien fait tourner en bourrique, je vais m'aérer un peu la tête !

La porte de l'appartement claque. Watson et Mlle Alice restent les bras ballants, sans un mot. Puis la jeune femme murmure dans un soupir.

- Mais comment a-t-il su ?

Effectivement, comment Sherlock a-t-il su que Watson et Mlle Alice étaient de mèche et que toute l'histoire n'était qu'une farce ?

ENQUÊTE N°5

PAUVRE LESTRADE

Depuis une dizaine de minutes, affalé dans un fauteuil au domicile de Holmes et Watson, l'inspecteur Lestrade est en larmes. Il a débarqué au milieu de l'après-midi, sans prévenir.

Sherlock est assis en face de lui, l'air agacé, et tapote son accoudoir du bout de ses longs doigts soignés.

- Bon, Lestrade, allez-vous oui ou non nous dire ce qui vous met dans un état pareil ? Je suis fatigué de vos jérémiades.

- Sherlock ! s'exclame Watson sur un ton de reproche. Vous voyez bien que notre ami ne va pas bien, ce n'est pas la peine de lui parler de la sorte !

- Il a raison, murmure Lestrade dans un souffle tout en séchant ses larmes d'un revers de la main. Je ne dois pas vous faire perdre votre temps plus que nécessaire. C'est déjà très aimable à vous de m'avoir laissé entrer chez vous pour y trouver un certain réconfort. Voici ce qui me peine : vous connaissez mon ami Henry Picko ?

C'était l'un de mes supérieurs à l'école de police quand j'ai commencé ma formation. Avec le temps, nous avons tissé une forte amitié. Sa femme est venue chez moi tôt ce matin, complètement paniquée. Elle m'a expliqué qu'elle a vu son mari s'enfermer dans la salle de bains, tenant des propos incohérents et exprimant quantité de remords et de regrets. Soudain, elle a entendu la porte de la petite pharmacie fixée au-dessus du lavabo s'ouvrir et son mari farfouiller dedans. Lui est ensuite parvenu aux oreilles le bruit si particulier d'une boîte de comprimés qu'on ouvre, puis celui de l'eau du robinet qui coule. S'en est suivi le bruit d'un impact sourd, puis plus rien. Malgré tous ses efforts, elle n'est pas parvenue à pénétrer dans la salle de bains. Elle s'est donc dirigée en courant chez moi pour me demander de l'aide afin d'enfoncer la porte.

Nous avons couru jusqu'à son domicile. Henry s'était barricadé, j'ai mis du temps à ôter la barre en bois qui entravait la porte, puis, après quelques coups d'épaule, j'ai réussi à ouvrir un passage dans l'autre pièce. Nous avons découvert le pauvre homme étendu sur le sol, la boîte de médicaments entièrement vide dans la main. Il avait dû se cogner la tête contre la baignoire en chutant, car du sang maculait le sol au niveau de sa tête. C'était une vision horrible.

ENQUÊTE N°5

À peine l'inspecteur a-t-il fini sa tirade qu'il se remet à pleurer de plus belle. Il ne comprend pas pourquoi son ami ne lui avait jamais parlé de ses soucis, alors qu'il avait été présent pour lui à de nombreuses reprises au cours de toutes ces années.

Watson tente de le consoler en posant une main sur son épaule.

- Toutes mes condoléances, inspecteur. Je suis navré pour votre ami et pour vous, dit-il d'une voix douce.

- Vous ne croyez pas si bien dire, Watson ! s'exclame Sherlock en se relevant précipitamment. Messieurs, suivez-moi, nous avons une personne à mettre sous les verrous. Votre ami a été assassiné !

Pourquoi Sherlock pense que Henry Picko a été assassiné, et qui est le coupable selon lui ?

LA TEMPÉRATURE MONTE

Un incroyable pic de chaleur au-dessus des normales saisonnières est annoncé sur Londres. Les températures pourraient dépasser 40 °C ! Cette situation risquant de faire surchauffer le réseau électrique installé récemment dans la ville, les autorités ont décidé de procéder à des coupures de courant de deux heures, en alternance, en fonction des quartiers. Et c'est dans l'un de ces quartiers que sont appelés en renfort par l'inspecteur Lestrade, vers 23 h, Holmes et Watson pour une affaire d'homicide.

C'est par cette chaleur caniculaire que les deux hommes apprennent le décès de Mme Terrie Houss, la propriétaire, poignardée à son domicile il y a moins d'une heure. C'est Mme Lambert, sa femme de chambre, qui l'a découverte en apportant le thé que sa patronne venait de lui commander. En arrivant dans la chambre, ce qu'elle a vu lui a fait lâcher la tasse et elle a couru prévenir la police. Les flammes des quelques lampes à pétrole qui éclairent la pièce font vaciller les traits de Mme Lambert, mais on peut distinguer sur son visage une grande tristesse et de la peur.

- Pensez-vous que le meurtrier est toujours ici ? demande-t-elle en frissonnant.

- C'est fort probable, répond Sherlock Holmes. Et nous devons faire rapidement toute la lumière sur cette affaire !

Au moment où Holmes prononce ces paroles, l'électricité revient subitement et toute la maison baigne de nouveau dans une lumière aveuglante.

- Voilà qui est mieux, dit Holmes d'un ton neutre. Lestrade, avez-vous une idée ?

- Non, répond l'inspecteur, mais j'ai fait réunir les habitants de la maison dans la pièce attenante. Venez. Pour le moment, personne n'est particulièrement suspecté.

En pénétrant dans la pièce, les deux détectives font face à quatre personnes : M. Houss, le mari de la victime, Penny, sa fille de 17 ans, et ses deux neveux Henry et Albert, deux beaux garçons de 15 et 12 ans.

M. Houss est un homme assez élégant, malgré son âge et son ventre rebondi. Il a ce petit quelque chose dans les yeux qui fait de lui un grand séducteur. Il était dehors à regarder les étoiles quand Mme Lambert l'a prévenu du drame.

Penny ressemble fortement à sa mère, mais avec vingt ans de moins. Elle porte une robe à fleurs et ne semble pas peinée le moins du monde par le décès de sa maman. Elle était punie dans sa chambre au moment du crime, elle ne sait donc rien.

Henry, l'aîné des deux frères, porte de petites lunettes qui lui donnent un air très sérieux. Il était dissimulé sous des couvertures avec son petit frère dans le grand salon. Ils écoutaient « Le jour des loups-garous », une émission effrayante, à la radio. Leur tante leur avait interdit d'écouter cette émission et c'est pour cela qu'ils se cachaient.

Quand Holmes se tourne vers Albert, le cadet, ce dernier devient blanc comme un linge et se met à pleurer. Il se blottit contre son grand frère et ne décroche plus un mot. Watson croit voir une lueur curieuse briller dans ses yeux pleins de larmes - de la peine, peut-être ?

Lestrade demande aux deux détectives de sortir de la pièce.

- C'est une affaire délicate que nous avons là. Il nous faut peut-être envisager qu'une tierce personne soit entrée dans la maison pour commettre le meurtre, puis qu'elle se soit enfuie avant notre arrivée, dit l'inspecteur.

- Je ne crois pas, répond Holmes d'un ton sinistre et grave. J'ai bien peur que le tueur soit l'un des membres de la famille.

Qui Holmes pense-t-il être coupable ?

ENQUÊTE N°7

Vol de preuves

En arrivant de bonne heure au commissariat pour boucler quelques dossiers en retard, l'inspecteur Lestrade salue l'officier en charge de l'accueil puis se dirige vers son bureau situé juste à gauche. Là, une bien mauvaise surprise l'attend. Il découvre que la fenêtre de son bureau, qui donne sur la rue, a été brisée pendant la nuit. Quelqu'un se serait-il introduit ici ?

À première vue, rien n'a été touché : les étagères sont toujours pleines de dossiers, le dessus du bureau de Lestrade est bien rangé et la pièce est aussi propre qu'il l'a laissée la veille au soir. Mais c'est en voulant s'asseoir que l'inspecteur découvre le pot aux roses. Sur sa chaise trône une petite figurine en papier, en forme de cocotte.

La tête de Lestrade se met à tourner et des petits points s'agitent devant ses yeux. Cette cocotte, ce symbole, c'est le « cadeau » que laisse le dangereux criminel Peter-Léo, surnommé le tueur de Glasgow, sur le corps de ses victimes. Aussitôt, il ouvre le tiroir de son bureau. Ô grand malheur, le dossier contenant toutes les preuves contre ce fameux tueur, dont le procès s'ouvre dans quelques jours, a été volé. La raison de l'inspecteur vacille quelques instants. La situation est dramatique. Il parvient néanmoins à reprendre ses esprits, attrape le combiné et appelle ses deux amis détectives.

Quelques minutes plus tard, Holmes et Watson arrivent au commissariat et sont mis au courant de la situation. Sherlock Holmes, qui est responsable de l'arrestation de Peter-Léo, assure à Lestrade qu'il va tout mettre en œuvre pour que le criminel soit traduit en justice comme prévu. Il décide, avec l'aide de Watson, d'interroger les trois officiers de police qui étaient de garde cette nuit au poste. Ils sont interrogés dans le hall, chacun leur tour, les deux autres étant consignés dans leur bureau respectif pour qu'ils ne puissent pas communiquer.

L'agent matricule B-24 était à l'accueil toute la nuit. Il explique aux deux détectives que le commissariat reste ouvert 24 h/24, mais que de 21 h à 7 h 10 il faut sonner la cloche pour que quelqu'un vienne ouvrir la porte. L'agent précise qu'il a pris son service à 20 h et qu'il s'apprêtait à rentrer chez lui. Il affirme n'avoir jamais quitté son poste, même pour fumer la pipe, et que personne n'a sonné cette nuit.

L'agent matricule B-35 était affecté en deuxième partie de la nuit, entre 2 h et 7 h, à la ronde autour du commissariat. Il explique à Holmes qu'il met environ I5 minutes à faire le tour du pâté de maisons. Il n'a rien remarqué d'inhabituel, il y a peu de monde dans la rue à cette heure-ci. Il avoue que, pour ne pas trop s'ennuyer, il s'occupe comme il peut en nettoyant le trottoir aux abords directs du commissariat, dans l'espoir de trouver quelques pièces abandonnées par leurs propriétaires. Mais cette nuit, la « récolte » fut maigre : seulement deux ou trois boîtes de conserve vides, quelques papiers, du verre brisé et le journal datant d'il y a trois jours. Rien de très intéressant.

L'agent matricule B-72 assure ne pas avoir quitté la salle des archives située au sous-sol. Il était en charge du tri et du classement des affaires terminées. Ayant beaucoup de retard, il est resté toute la nuit pour finaliser sa tâche. Il n'a pas eu l'occasion de quitter son poste.

Il avait même amené de quoi se restaurer et s'était organisé un petit coin sieste dans le fond de la pièce. Vu le nombre de boîtes scellées et étiquetées qui sont disposées sur la table, l'agent n'a pas ménagé ses efforts cette nuit.

Après les interrogatoires, Lestrade fait toujours grise mine et est fort dépité. Aucun des agents présents sur place ne semble avoir vu quoi que ce soit. La conséquence directe est qu'il sera impossible de retrouver le dossier volé et le tueur ne pourra pas être jugé, faute de preuves. Il continuera ses tueries en toute impunité.

- Inspecteur, dit Sherlock d'un ton grave, j'ai le regret de vous annoncer qu'au moins l'un de vos agents est à la solde de Peter-Léo.

Qui Sherlock soupçonne-t-il ?
Et pourquoi ?

ENQUÊTE N°8

RUBRIQUE NÉCROLOGIQUE

C'est une habitude de Sherlock qui ne surprend plus vraiment Watson. Holmes adore lire la rubrique nécrologique le dimanche matin, près d'un bon feu de cheminée, une tasse de thé à la main. La première fois, cela lui a paru bizarre, mais depuis, Watson s'est habitué au côté loufoque de son ami. Ce qui surprend Watson en ce dimanche hivernal, c'est le temps que son ami met à lire les quelques lignes de la colonne. C'est inhabituellement long.

- Quelque chose ne va pas, Holmes ?

Aucune réponse.

- Holmes ? répète Watson en haussant le ton.

- Bon sang, mais taisez-vous Watson ! lui répond Holmes d'un ton sec en lui lançant un regard noir.

Subitement, un grand cri rauque suivi d'un son lourd retentissent dans l'appartement voisin, au 221 Baker Street.

- C'est ce que je craignais ! Venez, Watson ! s'exclame Holmes qui est déjà sur le pas de la porte.

Watson, médusé, met quelques secondes à réagir puis emboîte le pas à son ami.

Arrivés devant la porte de l'appartement voisin, ils découvrent une femme et deux hommes tambourinant et essayant d'ouvrir la porte tant bien que mal.

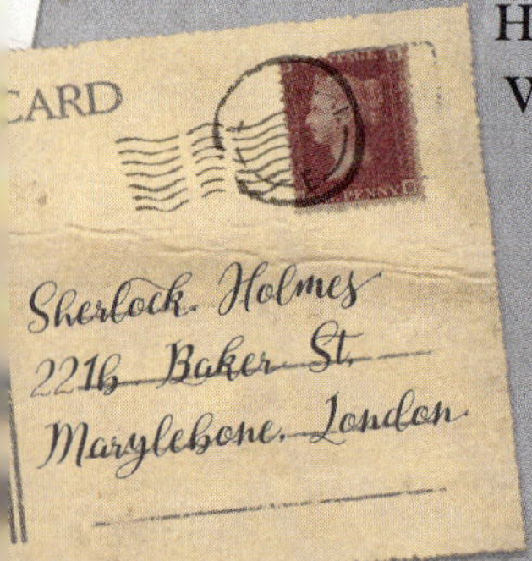

- C'est horrible, dit la femme présente sur le palier, c'est Mme Bertille qui vient de faire tout ce bruit. Il lui est sans aucun doute arrivé malheur.

Un des deux hommes réussit, à l'aide d'un coup d'épaule bien placé, à faire sauter les serrures. Comme Sherlock le pressentait, ils découvrent Mme Bertille, une dame de 75 ans passés, à moitié étalée sur sa petite table.

Watson, fidèle aux leçons de son ami, regarde autour de lui. C'est un appartement victorien, sobre et plutôt sombre, impeccablement rangé comme il se doit. Rien ne traîne. Sur la cheminée, plusieurs photographies regardent les intrus avec de grands sourires figés et jaunis.

- Vous croyez qu'elle est morte ? demande l'un des voisins.

Watson s'approche du corps, en prenant soin de ne pas salir le beau tapis avec ses chaussures. Il pose deux doigts sur le cou de la pauvre femme pour prendre son pouls. Puis, en regardant son ami, il hoche la tête de haut à bas.

- Je le crains, malheureusement, répond Sherlock.

- La pauvre, dit la voisine, choquée par la nouvelle. Elle était si gentille. Quand je m'absentais, elle s'occupait toujours de mon chat. Un Noël, elle lui avait même tricoté un petit pull pour qu'il n'ait pas froid.

Les gens esquissent un petit sourire amical envers la défunte.

ENQUÊTE N°8

- C'est vrai que je ne la connaissais pas beaucoup, enchaîne le voisin qui a ouvert la porte en réajustant son foulard autour de son cou, mais c'était une voisine tout ce qu'il y a de plus agréable, un peu curieuse peut-être. C'est vraiment triste comme fin de vie, mourir seule dans son appartement. Elle n'aura même pas eu le temps de finir ses mots croisés, dit-il d'un ton léger qui était censé détendre l'atmosphère. Mais au vu des regards sévères que l'assemblée lui jette, cela n'a visiblement pas l'effet escompté.

- Moi je viens d'emménager, dit le troisième homme. C'est bien la première fois que je vois cette personne, mais c'est triste, une fin comme celle-ci.

- Vous la connaissiez, Holmes ? demande Watson d'une voix douce.

- Effectivement, mon ami. C'était une vieille grincheuse qui ne faisait que se plaindre du bruit que pouvaient engendrer mes différentes activités et multiples expériences dans l'appartement. Malgré tout, c'était un être humain. Ce qui m'ennuie le plus, c'est que quelqu'un a quelque chose à se reprocher dans l'immeuble. Je dirais même plus… quelqu'un dans la pièce, dit le détective en dévisageant les trois voisins présents.

Qui Sherlock soupçonne-t-il et pourquoi ?

ENQUÊTE N°9

MAUVAISE PASSE

C'est un spectacle particulièrement gênant et choquant qui s'offre aux yeux de l'inspecteur Lestrade. Le commissaire Richard Peal, le créateur de Scotland Yard, est là, gisant à demi nu, menotté sur le lit d'un hôtel miteux en périphérie de Londres.

Après avoir fait sortir de la pièce les agents qui ont découvert le corps, l'inspecteur observe la scène. Le commissaire n'est vêtu que de son caleçon long et de l'une de ses chaussettes. Quelques griffures sont encore visibles sur son torse, ainsi que de petites plaques rouges dans son cou. Au vu de sa position et de ces quelques marques, il devait être avec une belle-de-nuit, et la petite mort s'est hélas transformée en mort définitive.

Le visage de M. Peal est presque aussi blanc que les draps. Sa bouche est obstruée par un tissu de dentelle qui ressemble fort à un sous-vêtement féminin. Ses yeux rouges et gonflés sont révulsés. L'inspecteur Lestrade n'est pas près d'ôter cette horrible image de son esprit.

ENQUÊTE N°9

Pour ne pas ternir la mémoire de son ami et pour que le service de Scotland Yard ne soit pas entaché d'un scandale supplémentaire, Lestrade décide de contacter un journaliste du *London Times* lui-même pour lui annoncer le décès du commissaire. Il compte bien omettre tous les détails gênants et salaces. Mais avant cela, il réunit les agents qui ont découvert le corps pour leur demander fermement le plus grand professionnalisme et pour leur rappeler que, pour le bien de l'enquête, il est formellement interdit d'ébruiter ce qu'ils ont vu. Après le discours de l'inspecteur, les agents acquiescent d'un hochement de tête.

Il est maintenant temps de contacter Holmes et Watson pour tirer toute cette histoire au clair. Lorsque les deux détectives arrivent sur les lieux du crime, un quart d'heure plus tard, Lestrade les informe de la situation. Bien entendu, il compte également sur leur discrétion dans cette délicate enquête.

Holmes ayant rendez-vous chez un ami écossais, il charge Watson de l'enquête. Ce dernier attend la fin de l'après-midi puis, avec l'aide des agents de police disponibles, il convoque toutes les prostituées du quartier au poste. Une par une, elles sont soumises au même interrogatoire, mené par Watson qui leur demande :

- Que faisiez-vous entre 22 h hier soir et 6 h ce matin ? Connaissez-vous quelqu'un qui puisse en vouloir au commissaire Richard Peal ?

La première interrogée se fait appeler Pussy Doll. Jouant l'aguicheuse, elle explique à un Watson très gêné qu'elle fait très attention à la clientèle qu'elle fréquente et qu'elle n'aurait jamais passé quelques heures avec un agent des forces de police. Ce n'est pas son genre. C'est le meilleur moyen de se faire pincer : une fois sur deux, le bonhomme est sous couverture, sans mauvais jeu de mots. Cela dit, elle est vraiment navrée du décès du commissaire. Tout en regardant Watson d'un air langoureux, elle lui propose ses services s'il a besoin de se… détendre. Watson déglutit difficilement et remercie la jeune femme.

Une seconde prend sa place. Plus stricte et élégante, elle s'appelle Lady Hannah. Elle affirme changer de quartier tous les soirs pour éviter de tomber deux fois de suite sur le même client. Elle aime la variété. La veille au soir, elle traînait vers South Bank. Certains quartiers sont moins intéressants que d'autres, financièrement tout du moins. Mais un meurtre dans cette banlieue miteuse ne l'étonne guère. Cela dit, elle est surprise de la façon dont le commissaire est mort : d'habitude, les gens sont plutôt poignardés par ici. C'est un quartier dangereux, surtout à la nuit tombée, d'autant plus pour un officier de police.

ENQUÊTE N°9

Lady Hannah laisse sa place à Dorothy, une jeune fille pétillante, blonde aux yeux marrons. Elle connaissait le commissaire, elle a déjà eu plusieurs rendez-vous avec lui. C'était un homme pas forcément très gentil, mais il était vraiment généreux. C'est bien la seule chose qui la faisait accepter de le garder comme client. Voyant que Watson en attend un peu plus d'elle, elle poursuit :

- J'ai entendu dire qu'il en frappait certaines. Il passait ses nerfs, comme il disait. Avec moi, il s'est déjà énervé très fort, mais sans en venir aux coups. Si vous voulez en savoir plus, vous devriez interroger une certaine Pussy Doll, elle a déjà passé un sale quart d'heure avec lui. Peut-être qu'elle lui en voulait, ou qu'il l'a frappée une fois de trop !

La dernière femme à être questionnée est une certaine Kitty, la cinquantaine. Elle parle d'une voix forte. Elle affirme que les petits vieux comme le commissaire ne sont vraiment pas sa tasse de thé. Elle préfère les jeunes, elle leur apprend la vie, comme elle dit. Quand Watson lui parle des excès de colère du commissaire, elle répond qu'elle aurait bien aimé voir ça, que le commissaire aurait certainement reçu la gifle de sa vie avant qu'il ne lève la main sur elle. Finalement, il mérite peut-être ce qu'il lui est arrivé, conclut-elle. Watson réprime un sourire et la raccompagne vers la sortie.

N'ayant aucune piste après ces interrogatoires, il fait revenir Pussy Doll et lui parle de la main lourde qu'a pu avoir le commissaire sur sa personne. À ce moment-là, le visage de Pussy Doll se ferme, ses mains se crispent, ses yeux noirs deviennent sévères et elle ne dit plus un mot de tout l'interrogatoire, malgré les multiples questions de Watson.

Après la sortie de Pussy Doll, Lestrade, qui a assisté à tous les interrogatoires depuis la salle voisine, rejoint Watson.

- C'est forcément elle, dit l'inspecteur.

- C'est vrai que tout porte à croire que c'est elle qui a fait le coup, répond Watson. Elle connaissait la victime, et elle a le mobile. Je me demande si Sherlock Holmes serait d'accord avec nous.

Et vous, qu'en pensez-vous ?

ENQUÊTE N°10

FEMME BATTUE

C'est dans la banlieue de Londres que sont attendus Holmes et Watson en ce milieu de soirée. Arrivés devant la maison de Mme Wallace, Lestrade les accueille et s'adresse tout de suite à Holmes.

- Bonjour Holmes. La femme qui est à l'intérieur vient de se faire agresser. Elle a été violemment frappée au visage et une conséquente somme d'argent a été dérobée, alors je vous en prie, usez d'un peu plus de tact que d'habitude, voulez-vous ?

Holmes écarquille les yeux et regarde Lestrade repartir vers la maison. Il se tourne vers Watson.

- Mais je n'ai encore rien dit, soupire-t-il.

Watson esquisse un sourire et emboîte le pas à l'inspecteur. Arrivés à l'intérieur, ils voient Mme Wallace, assise dans un fauteuil dans le salon, avec un pochon de glace sur l'œil. Elle est en larmes et un officier de police tente de la consoler. Soudain, un grand bruit retentit derrière les deux hommes. Un Jack Russell un peu hargneux se précipite et aboie en leur montrant les dents.

- Au panier, Pépette ! crie Mme Wallace au chien, qui s'exécute immédiatement.

Je suis désolée, dit-elle en s'adressant aux deux détectives, c'est un vrai petit chien de garde, il déteste les inconnus.

- Bonjour Madame, dit Holmes d'une voix douce, en jetant un œil noir à Lestrade. Je sais que cela va être difficile pour vous, mais pourriez-vous me raconter ce qui s'est passé ce soir ?

- En rentrant de ma promenade, vers 19 h 45, j'ai ouvert la porte de chez moi. À peine étais-je entrée que je me suis retrouvée plaquée au sol ! Je ne me souviens de rien d'autre. À mon réveil, cet officier de police était près de moi.

- Merci, dit Holmes. Avez-vous interrogé le voisinage ? demande-t-il à Lestrade.

- Pas encore, venez avec moi.

Le voisin de gauche, un homme âgé, raconte n'avoir pas entendu grand-chose. Il pensait que sa voisine bougeait quelques meubles pour faire un peu de ménage. Il ne s'est donc pas inquiété et n'y a pas prêté attention.

Le voisin d'en face, un peu honteux, avoue qu'il a l'habitude de regarder chez cette voisine, surtout depuis qu'elle a divorcé. Les voilages de sa chambre sont assez légers, et le soir, quand elle va se coucher, il distingue son corps par la fenêtre. Mais il n'a rien vu de spécial ce soir-là, il n'était pas l'heure pour Mme Wallace d'aller au lit. Il n'observe pas ses faits et gestes toute la journée, ce n'est pas un pervers !

Les voisins de droite, une famille modeste, s'excusent de ne pouvoir donner plus d'informations qu'ils en ont déjà. Ils étaient à table avec leurs deux enfants, et dieu sait comme un repas avec deux garçons de 2 et 8 ans peut être bruyant.

- J'ai bien peur de devoir classer cette affaire sans suite, annonce Lestrade, déçu.

- Je n'en suis pas si sûr, dit Watson. J'ai ma petite idée !

- Eh bien, rétorque Holmes d'un ton moqueur, il serait temps !

Qui Watson soupçonne-t-il ?

ENQUÊTE N°11

Cambriolage

C'est bien la première fois que cela lui arrive ! Au moment de l'ouverture du célèbre magasin de thé du centre-ville, la vendeuse a eu une mauvaise surprise.

Une personne s'est glissée derrière elle, lui a recouvert la tête d'un gros sac de toile, l'a entraînée à l'intérieur et l'a attachée à l'une des tables du magasin. De là, elle a entendu le voleur s'emparer de la caisse, forcer le coffre et partir avec la recette de la semaine. Incapable de bouger pour trouver du secours, elle a hurlé et c'est un passant qui a fini par entendre ses cris, quelques dizaines de minutes plus tard.

L'inspecteur Lestrade arrive sur les lieux. Il interroge la vendeuse qui lui explique sa mésaventure, puis il charge ses subalternes de convoquer au poste de police trois suspects, qui ont déjà été arrêtés pour vols dans des circonstances similaires.

Les trois hommes se retrouvent au poste. Après l'interrogatoire, Lestrade ne sait que penser. La seule chose dont il est sûr, c'est que les suspects n'ont pas d'alibi solide et que l'un d'eux est coupable. Il décide de se servir de son atout majeur : il appelle Sherlock Holmes à la rescousse.

ENQUÊTE N°11

Le célèbre détective arrive sur les lieux avec son non moins célèbre ami, le docteur Watson. Dès qu'il passe la porte, l'ambiance dans le commissariat change. Holmes provoque chez tout le monde une réaction particulière, que ce soit de l'admiration ou de l'antipathie.

- Bonjour inspecteur, j'imagine que vous nous avez fait venir pour tirer au clair cette histoire de cambriolage ? dit Holmes à Lestrade.

- Mais comment le savez-vous ? Nous sommes…

- Magasin, vendeuse, voleur, caisse… Ce sont vos trois suspects ? enchaîne le détective sans laisser à Lestrade la possibilité de finir sa phrase.

- Oui, ils ont déjà commis des vols utilisant le même mode opératoire. C'est sûrement l'un d'eux.

- Mettons-les ensemble dans une seule pièce, c'est une bonne occasion d'observer le comportement de trois malfrats en situation de stress.

- Mais ce n'est pas dans nos protocoles, répond Lestrade.

- L'est-il ? dit un Watson souriant en désignant Sherlock.

Lestrade comprend qu'il n'a pas vraiment le choix. S'il veut l'aide du détective, il doit faire, comme d'habitude, selon ses manières. Il réunit les trois suspects dans une pièce tandis que Holmes et Watson se placent derrière une vitre sans teint pour les observer.

Les dix premières minutes, plongées dans un silence de mort, sont d'un ennui profond pour tout le monde, sauf pour Sherlock qui lâche quelques « Intéressant » de temps à autre.

Les suspects, eux, ne disent rien. Soudain, l'un d'eux se lève et tambourine à la porte : il veut sortir, ils n'ont rien contre lui. C'est à ce moment-là que les langues commencent à se délier.

- Je suis sûr que c'est toi, lance l'un des suspects à son voisin.

- Mais n'importe quoi ! J'étais chez moi hier soir ! C'est toi qui as fait l'coup ! Tout le monde sait que tu lorgnes sur la boutique depuis longtemps !

- Tu m'accuses ? Tu veux une beigne ?

- Ah ouais ? T'es même pas capable de m'atteindre, j'suis sûr !

Alors que les deux suspects sont prêts d'en venir aux mains, le troisième, toujours assis sur sa chaise, leur parle d'une voix calme.

- Arrêtez, tous les deux ! Vous ne voyez pas ce qu'ils essayent de faire ? Ils n'ont aucun suspect sérieux, ils cherchent un coupable parmi nous et vous êtes en train de leur donner une bonne raison de vous mettre au trou.

Les deux bagarreurs se calment et retournent s'asseoir.

- Qu'est-ce que tu proposes pour qu'on puisse sortir rapidement d'ici ? demande le premier homme.

- Il faut leur prouver qu'ils se trompent, répond le troisième. Leur faire comprendre qu'ils font fausse route.

- Et t'as une idée, génie ? dit le deuxième suspect d'un air condescendant.

- Il a raison, enchaîne le premier. Il faut leur prouver chacun notre tour qu'on était pas sur les lieux.

- Ouais, t'as raison, concède le deuxième suspect. Apparemment, ils ont un témoin, non ?

- La vendeuse, si j'ai bien compris.

- Eh ben, elle a qu'à essayer de nous identifier, la nana, continue le deuxième en ricanant. Ça nous innocentera tout de suite !

- C'est pas bête du tout ! Et puis ils pourraient prendre nos empreintes, je suis sûr qu'elles ne coïncideraient pas avec celles retrouvées sur le lieu du vol, dit le troisième.

- Moi, ils ont qu'à demander à ma copine, j'étais avec elle toute la nuit, et j'peux vous dire, elle doit s'en souvenir ! dit le premier d'un rire gras.

Les deux autres suspects rigolent également et lui tapent sur l'épaule en signe de connivence.

- Sherlock, je pense que nous perdons notre temps ici, dit Watson. Ces trois hommes ne vont rien nous apprendre, je ferais mieux d'aller au magasin pour tenter de trouver des indices. Voulez-vous m'accompagner ?

- Tout cela est fascinant ! répond Holmes. Lestrade, je vous propose de les garder ici encore quelques heures, juste pour que je puisse les observer. Vous êtes d'accord ? Allez-y Watson, allez chercher des preuves !

Watson quitte la pièce. Lestrade se poste à côté de Holmes. Il regarde dans la même direction que lui.

- Vous savez qui est le coupable, n'est-ce pas ?

- Évidemment ! C'est pour cela que je suis là, non ?

Comment Sherlock Holmes a découvert qui est l'auteur du cambriolage ?

RENDEZ-VOUS MANQUÉ

– Watson, vous pouvez enlever votre pardessus, dit Holmes à son ami. Vous ne pourrez pas quitter l'appartement avant d'avoir jeté un œil à ce dossier.

- Je suis désolé Sherlock, mais j'ai rendez-vous avec Mlle Ruthra à 14 h, nous devons aller prendre un thé, c'est prévu depuis un petit moment. Il me semble même que j'avais indiqué dans notre carnet d'organisation que j'étais indisponible cet après-midi.

- Tout à fait ! Mais rassurez-vous Watson, tout est sous contrôle. J'ai prévenu Mlle Ruthra que vous étiez indisposé à cause d'une vilaine grippe assez contagieuse. Vous avez donc votre après-midi de libre ! Venez étudier ce dossier, je vous avoue que j'ai besoin de votre aide.

Watson fronce les sourcils, agacé des libertés que peut parfois prendre Sherlock avec sa vie privée. Quand il pose la main sur la poignée de la porte, Sherlock, assis dans son fauteuil, lui dit :

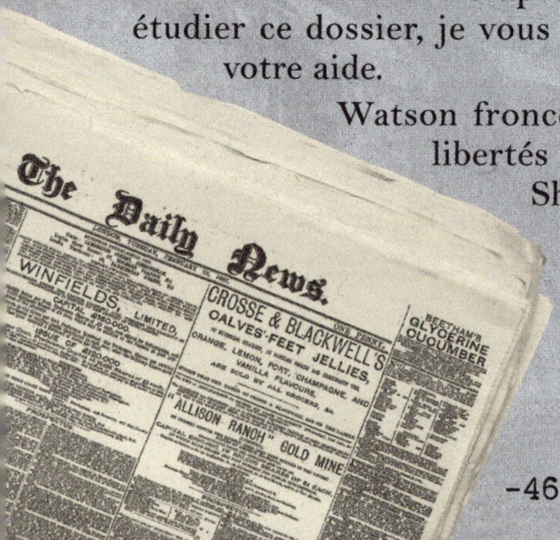

- Inutile de perdre votre temps, Watson, elle est fermée à clef. Et ne fouillez pas votre poche pour chercher votre trousseau, j'ai changé la serrure.

Dépité et voyant qu'il ne pourra pas s'échapper des griffes de Holmes, Watson ôte son manteau et s'affale dans le fauteuil devant son ami, qui lui tend un dossier.

- Voici la description d'un vol, dit Holmes d'un ton jovial, ravi du succès de son opération. À l'intérieur, vous trouverez le récit du cambriolage ainsi que la description des trois suspects et de leurs alibis. Votre objectif est simple : trouver le coupable en un minimum de temps.

Watson ouvre le dossier et commence sa lecture. Le rapport de police indique que, pendant ses quelques jours de vacances, M. Robin s'est fait dérober une magnifique statuette dans son appartement londonien, non loin de Buckingham Palace. Aucun signe d'effraction apparent sur la porte. Selon la gardienne de l'immeuble, seules trois personnes sont venues rendre visite à M. Robin durant son absence.

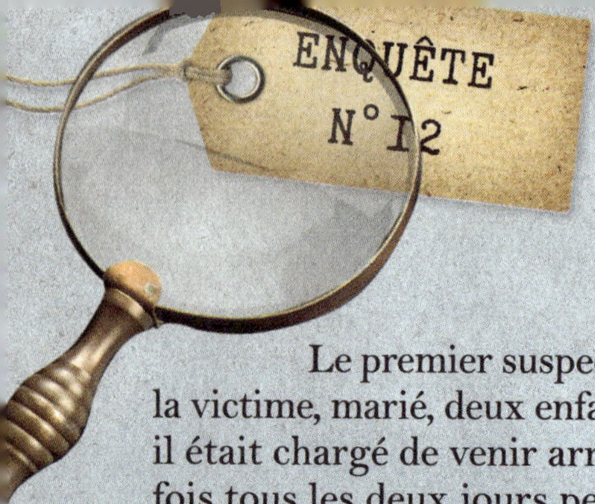

Le premier suspect est M. Patrick Jevou, ami de la victime, marié, deux enfants, de grande taille. Selon lui, il était chargé de venir arroser les plantes au moins une fois tous les deux jours pendant l'absence de M. Robin. Lors de sa première visite, il s'est rendu compte que son ami ne lui avait pas laissé la clef de l'appartement sous le paillasson comme à son habitude. Il n'est donc jamais entré à l'intérieur.

Le second suspect est M. Henry Zaibhi, le tailleur de la victime. La quarantaine, un peu d'embonpoint, il est venu avec un complet pour un essayage. Personne n'ayant ouvert la porte, il a laissé une carte de visite avec un petit mot pour que M. Robin reprenne contact avec lui. La carte de visite du tailleur a d'ailleurs été retrouvée sur les lieux.

Le dernier suspect est un célèbre traiteur asiatique installé dans les quartiers huppés du centre de Londres. M. Ainh Hu a une commande récurrente, réglée d'avance, tous les jeudis, de la part de la victime. Un menu unique : nems au poulet, riz cantonais et nougat au sésame. Il est venu livrer M. Robin comme à son habitude, mais personne n'était présent. Il est reparti avec la commande.

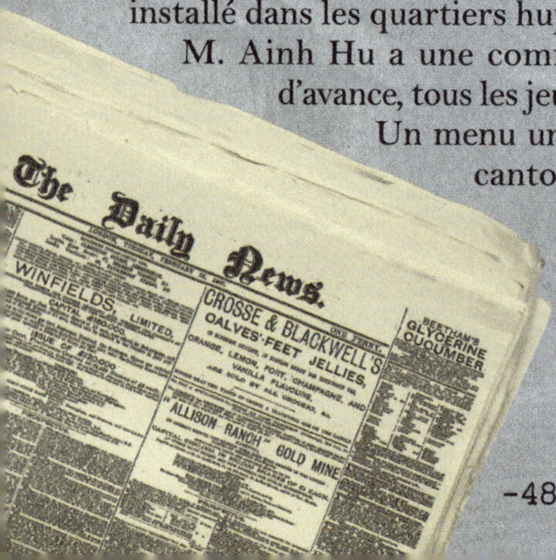

- Hum, hum… dit Watson en s'enfonçant dans le fauteuil moelleux.

- Vous comprenez mon désarroi, répond Sherlock. Puis il enfile son manteau.

- Vous sortez ? demande Watson, étonné.

- Effectivement, dit le détective en attrapant une bouteille de vin. Je ne vais tout de même pas laisser Mlle Ruthra seule tout l'après-midi !

Puis, avec un sourire en coin, il quitte la pièce, laissant John seul avec l'affaire en cours.

Watson passe de longs moments sur le dossier, étudiant de long en large les antécédents des suspects, tâchant de comparer leurs alibis et cherchant à mettre en place une théorie qui pourrait faire émerger un coupable.

Ce n'est qu'au bout de deux bonnes heures que Watson, rouge de colère, jette les feuillets à travers la pièce.

Qui est le cambrioleur de M. Robin ?

ENQUÊTE N°13

POUR UNE POIGNÉE DE LIVRES STERLING

Comme chaque année, le marathon de la ville attire des milliers de personnes et les magasins profitent de cette foule pour réaliser de bons profits.

La majeure partie des forces de police étant occupée à sécuriser le parcours du marathon, quatre voleurs en ont profité pour dévaliser les caisses de nombreux établissements. Malheureusement, tout a dégénéré quand un policier, entré par curiosité chez Wall Center London, s'est retrouvé nez à nez avec les malfaiteurs. Des coups de feu ont été tirés et il y a eu des victimes parmi les multiples clients et employés du magasin.

Selon l'homme qui est assis en face de Holmes, seul témoin à être sorti vivant de ce sanglant cambriolage, les voleurs portaient des tenues de coureurs. Ils sont arrivés un peu avant les sportifs et sont repartis avec leur butin au moment du passage du peloton. Le témoin a mémorisé le numéro de dossard de trois des malfaiteurs : le 27, le 12 et le 86.

L'inspecteur Lestrade se penche vers Holmes et lui glisse à l'oreille que, grâce à ces numéros, il n'a pas été très difficile de retrouver les voleurs. Mais ils n'en ont attrapé que trois sur les quatre.

Holmes demande alors à l'homme de continuer son histoire. Ce dernier poursuit en expliquant qu'il a rapidement réussi à se faufiler dans une remise et qu'à travers la serrure et grâce au reflet sur l'une des vitrines, il a malheureusement pu assister à toute la scène depuis sa cachette. Alors qu'ils menaçaient les clients, les malfaiteurs n'avaient d'yeux que pour les billets présents dans la caisse. L'un des employés a voulu jouer les héros, mais il s'est vu assener un coup de poing en plein visage et s'est écroulé au sol de tout son long. L'homme explique qu'il a pensé à s'enfuir pour aller chercher de l'aide, mais au moment où il allait sortir, les voleurs sont passés devant la porte du réduit où il se trouvait. Il est donc resté assis, dans le noir, jusqu'à ce que retentissent les premiers coups de feu. Tétanisé, il a tout de même réussi à jeter un œil à travers le trou de la serrure et a découvert la terrible scène. Selon lui, c'est le quatrième homme, portant le numéro 81, qui a tiré le premier. Il a entendu le policier riposter, puis tout le monde s'est mis à courir dans tous les sens. C'est à ce moment que le carnage a eu lieu. Il entendait des cris, des hurlements, des bruits sourds et des râles.

- Lestrade, avez-vous une photo de chaque participant ? Je pense savoir qui est notre dernier homme.

Qui est le quatrième malfaiteur ?

ENQUÊTE N°14

TRAIN STATION

Lestrade requiert une fois de plus les services de Holmes pour résoudre une affaire de cambriolage à la gare de Paddington. Mais n'étant pas très disposé ce mardi à errer des heures entières dans la gare, le célèbre détective envoie à sa place son ami et acolyte, le docteur Watson.

- Un bon moyen de prouver vos compétences, lui dit-il. Le chef de gare est le seul témoin fiable dans ce lieu de grand passage. À 6 h 25, une alarme a retenti dans le magasin de l'autre côté de la gare. Il s'est précipité à la fenêtre de son bureau pour observer la scène. Il a vu un homme, assez grand, en habits de travail, portant des lunettes et une valise beige, sortir du magasin en courant. Malheureusement, il s'est fondu dans la foule et il l'a perdu de vue. Il n'a pas pu voir dans quel train il était monté.

- Tenez, dit Lestrade à Watson, ce sont les horaires des trains au moment des faits. Il nous faut vite boucler cette affaire.

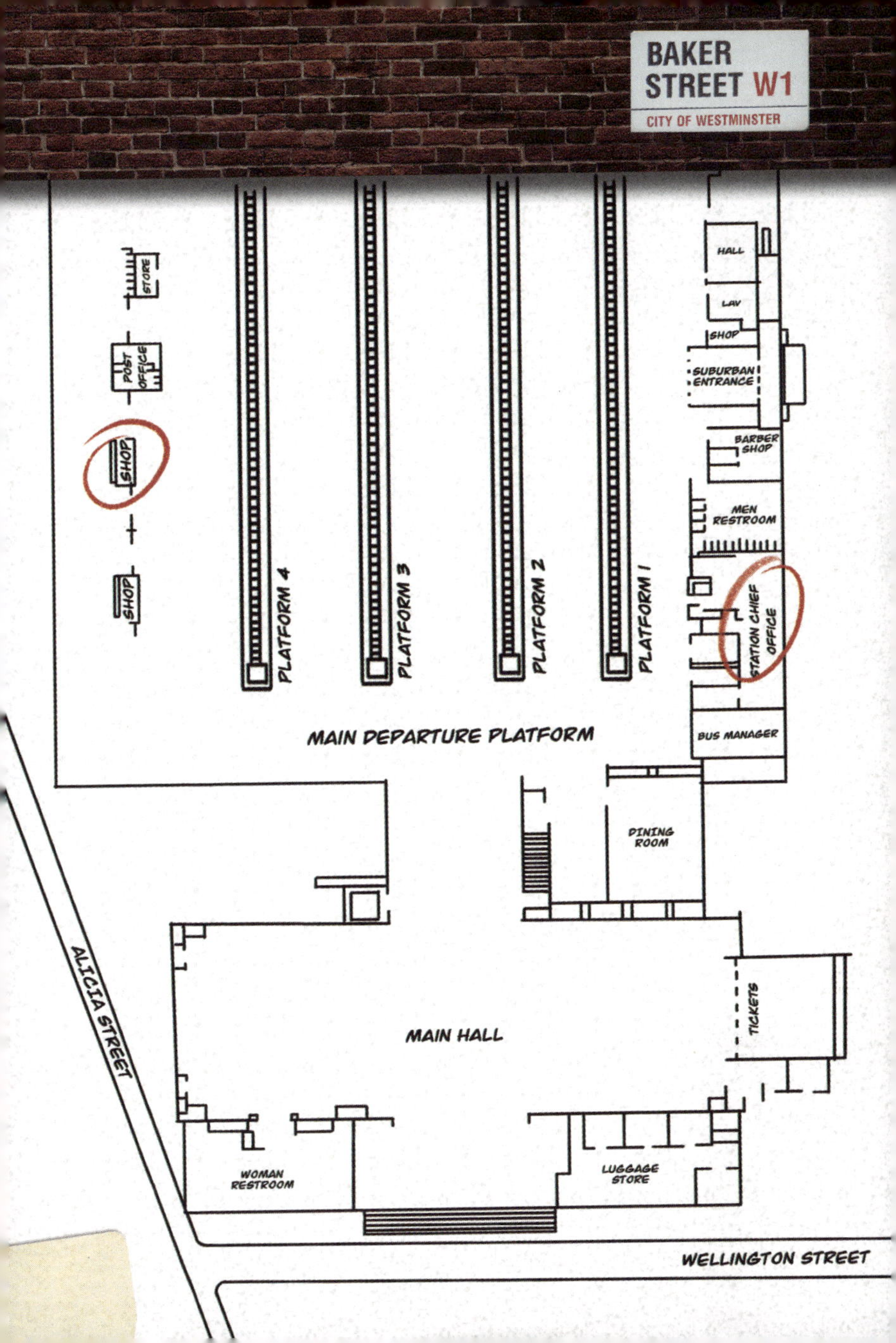
BAKER
STREET W1
CITY OF WESTMINSTER
STORE
POST OFFICE
SHOP
SHOP
PLATFORM 4
PLATFORM 3
PLATFORM 2
PLATFORM 1
HALL
LAV
SHOP
SUBURBAN ENTRANCE
BARBER SHOP
MEN RESTROOM
STATION CHIEF OFFICE
BUS MANAGER
MAIN DEPARTURE PLATFORM
DINING ROOM
TICKETS
MAIN HALL
ALICIA STREET
WOMAN RESTROOM
LUGGAGE STORE
WELLINGTON STREET

PADDINGTON RAILDOAD TIME TABLE

railway line	platform number	arrival	departure	days of commissioning
Cardiff - London	2	6 43 a.m	7 21 a.m	Mon. Wed. Fri.
Bristol - London	3	7 10 a.m	7 49 a.m	Mon. Tue. Wed. Sat. Sun.
Oxford - London	1	6 18 a.m	6 37 a.m	Mon. Tue. Wed.
Cheltenhan - London	2	5 58 a.m	6 51 a.m	Tue. Thu. Sat. Sun.
Exeter - London	1	6 46 a.m	7 30 a.m	Tue. to Sat.
Plymouth - London	3	5 42 a.m	6 28 a.m	Thu. to Sun.
Cardiff - London	2	8 43 a.m	9 21 a.m	Mon. Wed. Fri.
Bristol - London	3	9 10 a.m	9 49 a.m	Mon. Tue. Wed. Sat. Sun.
Oxford - London	1	8 18 a.m	8 37 a.m	Mon. Tue. Wed.
Cheltenhan - London	2	7 58 a.m	8 51 a.m	Tue. Thu. Sat. Sun.
Exeter - London	1	8 46 a.m	9 30 a.m	Tue. to Sat.
Plymouth - London	3	7 42 a.m	8 28 a.m	Thu. to Sun.

SEE OTHER SIDE FOR NEXT WEEK SCHEDULE

Dans quel train est monté le voleur ?

ENQUÊTE N°15

Malédiction

C'est en rentrant de sa journée de travail que Jack Aunile découvre qu'on lui a volé une magnifique statuette égyptienne représentant Râ, le dieu du Soleil, dans son bureau. Il appelle immédiatement la police et l'inspecteur Lestrade, accompagné de Sherlock Holmes et John Watson, arrive sur les lieux quelques dizaines de minutes plus tard.

Immédiatement, les différents employés sont interrogés et doivent donner leurs alibis. Jack Aunile est persuadé que c'est l'un d'eux qui a volé la statuette, et Lestrade semble en être également convaincu.

Sur place, il ne reste plus que le majordome, un homme d'une bonne soixantaine d'années, qui assure n'avoir rien vu, rien entendu. Sous ses traits fatigués se cache un homme actif qui travaille quasiment tous les jours pour M. Aunile.

Il supplie les enquêteurs de ne pas dire à son employeur qu'il souffre d'une certaine surdité, et c'est sans doute pour cela qu'il n'a pas entendu le voleur passer à l'action. Quand M. Aunile est rentré, il finissait de préparer l'habit de Monsieur pour sa sortie du soir.

Lestrade et les deux détectives se rendent ensuite au domicile de la femme de ménage, qui a quitté son travail quelques heures plus tôt, avant que Jack Aunile ne revienne chez lui. Tout en offrant une tasse de thé aux trois hommes, elle leur explique que sa fille est malade et qu'elle a dû rentrer rapidement pour s'en occuper. Elle est attristée pour son employeur et explique qu'elle n'a pas fait le ménage dans le bureau aujourd'hui car elle a un planning très précis : chaque jour, elle s'occupe d'une pièce différente.

Ils se rendent ensuite chez la cuisinière, qui s'offusque d'être soupçonnée : cela fait plus de dix ans qu'elle est au service de M. Aunile ! Mais cela ne l'étonne guère, son patron est assez misogyne, sans doute à cause de son ex-femme qui est partie avec un de ses amis. Au sujet de l'affaire, elle se défend en expliquant qu'elle n'aurait pas pu commettre le vol : elle faisait les courses et cela lui a pris toute la matinée.

Tous les soupçons convergent vers M. Brand, le jardinier, qui n'est pas à son domicile. Lestrade, Holmes et Watson passent la soirée devant chez lui. M. Brand rentre vers 23 h. Il explique qu'il était avec des amis et qu'ils ont passé la soirée à faire des parties de fléchettes. Il a quitté le travail en même temps que la cuisinière, une demi-heure avant que M. Aunile ne rentre chez lui.

- Bon, je pense que M. Aunile s'est trompé. Le coupable ne fait pas partie de ses employés, déplore Lestrade.

- Au contraire, dit Holmes, il avait parfaitement vu juste.

Qui a volé la statuette ?

ENQUÊTE N° 16

BON APPÉTIT, BIEN SÛR !

C'est la panique chez les Brandswitch. Les fameuses pâtes bolognaises de Mlle Godcook, la cuisinière, n'arrivent pas. À bout de patience, M. Brandswitch et une partie de ses invités se dirigent vers la cuisine. Ils y découvrent Mlle Godcook sur le ventre, étendue sur le carrelage. Parmi les invités qui se pressent, on dénote un certain John Watson.

- Que personne ne touche à rien, dit ce dernier, il faut absolument préserver la scène de crime. M. Brandswitch, connaissant l'affection que vous aviez pour Mlle Godcook, je ne peux pas vous placer parmi les suspects. Je vous prierais donc de me seconder et de bien vouloir rassembler tout le monde dans le salon.

M. Brandswitch s'exécute et invite ses hôtes à boire un remontant dans le petit salon. Pendant que les invités convergent vers le salon, Watson appelle son ami, l'inspecteur Lestrade, afin qu'il prenne en main cette triste affaire.

- C'est incroyable, dit Mme Lambert, ses petits plats étaient si délicieux. Qui a pu faire une chose pareille ?

- Nous allons tirer cela au clair, dit Watson en pénétrant dans la pièce. Mais je me dois de vous prévenir que le meurtrier est obligatoirement l'un des invités de M. Brandswitch. Nous devons donc…

Watson n'a pas fini sa phrase qu'un grand bruit retentit dans l'escalier.

Tout le monde se précipite, Watson en tête, pour découvrir le doyen de la soirée, M. Anicott, qui semble avoir fait une mauvaise chute dans l'escalier.

- Tout va bien, M. Anicott ? demande Watson, légèrement suspicieux. Où étiez-vous donc ?

- Oui, ça va, répond l'homme en se relevant. Juste un peu sonné. J'étais aux toilettes, à l'étage. Désolé de vous avoir fait peur. Le repas est-il enfin servi ? demande-t-il d'une voix enjouée.

- Vous vous êtes fait mal ? dit M. Gaarden. Vous avez du sang à l'arrière de votre chemise.

- Oh, c'est ma femme qui va râler, répond M. Anicott. J'ai dû accrocher l'un de mes ongles dans la chute, ce n'est rien.

- Venez avec nous dans le salon, nous devons discuter, reprend Watson en lui frottant amicalement le dos.

En apprenant la nouvelle du décès de Mlle Goodcook, le visage ouvert et souriant de M. Anicott laisse place à une pâleur et un sérieux que personne ne lui connaissait. Après quelques longues minutes passées à essayer de reconstituer le fil de la soirée, M. Brandswitch fait entrer l'inspecteur Lestrade qui vient tout juste d'arriver. Il se tourne vers Watson.

- Ah, vous êtes là Watson, aux premières loges comme toujours. Avez-vous une idée de qui a pu commettre une telle horreur, ou faut-il que j'appelle Holmes ?

- Malheureusement, cher ami, j'ai trouvé le coupable. J'avais raison, c'est bien l'un des invités de M. Brandswitch.

Qui a tué la cuisinière ?

ENQUÊTE N°17

EN PLEIN HIVER

Aujourd'hui, la neige est tombée en abondance sur la ville qui s'est recouverte d'un très joli manteau blanc. Fort heureusement pour Sherlock Holmes et John Watson, lorsqu'ils sont appelés sur les lieux d'un cambriolage, la neige a cessé de tomber.

La maison, située à quelques rues du centre de Londres, a été visitée tôt ce matin par un malfaiteur qui a subtilisé la collection complète de pièces anciennes de M. Korchus, le propriétaire de ladite maison.

À l'arrivée des deux détectives, M. Korchus sort en toute hâte de sa demeure et ouvre grand les bras en direction des deux hommes qu'il accueille sur le pas de la porte.

- Ah ! Messieurs… dit-il d'une voix désespérée. C'est le pire jour de ma vie. Ma collection… Toute ma collection s'est évaporée… Si vous saviez comme j'y tiens ! Et quelle valeur elle a !

Puis, s'approchant des deux hommes, il se met à parler d'un ton accusateur.

- Je suis persuadé que c'est l'un de mes employés qui a fait le coup, je pense même que c'est le sommelier. Quand il travaille, il jette sans cesse des regards envieux vers mes collections, exposées

dans la vitrine. Ce n'est qu'un jaloux et un bon à rien. Je vous ordonne de trouver ce qu'il faut pour le mettre hors d'état de nuire.

Sherlock et Watson se regardent, les sourcils froncés. Le ton accusateur et prétentieux de l'individu ne plaît ni à l'un, ni à l'autre.

- Je ne vois pas l'inspecteur Lestrade, dit Watson. Est-il à l'intérieur ?

- Je l'ai contacté après vous avoir appelés. Je n'ai que très moyennement confiance dans la police, répond le propriétaire d'un ton péremptoire.

- Comment avez-vous découvert le vol ? demande Holmes d'un ton plus neutre et détaché qu'à son habitude.

- Eh bien, je venais de finir mes ablutions dans mon cabinet de toilette au premier étage lorsque j'ai entendu le bruit d'une fenêtre qui claquait. C'était celle de mon bureau, qui est la pièce attenante à la salle de bains. Je m'y suis rapidement rendu et là, horreur, les deux vitrines étaient vides de leur contenu : ma précieuse collection s'était envolée, il ne restait plus une seule pièce ! J'ai regardé par la fenêtre, espérant apercevoir celui ou celle qui avait commis ce méfait détaler comme un lapin dans le jardin, mais personne.

- Comment pouvez-vous être sûr que le voleur est passé par la fenêtre ? demande Watson.

ENQUÊTE N°17

- Venez, suivez-moi, dit M. Korchus en indiquant aux deux hommes le côté de la maison. Voyez par vous-même !

Adossée contre le mur, une belle échelle en bois sombre, aux barreaux astiqués, menait directement à la fenêtre du bureau au premier étage.

- Effectivement, dit Watson, c'est une manière efficace de pénétrer dans la maison sans être vu. Regardez Holmes, des traces de pas au sol, là, juste au pied de l'échelle, qui s'éloignent dans le jardin. Vous avez sans doute raison, M. Korchus, le voleur a dû s'éclipser par ici. Vu la taille des traces, il s'agit sans aucun doute d'un homme, poursuit Watson avant de lever les yeux vers la fenêtre entrouverte. Pouvons-nous monter pour étudier la pièce ?

- Je vous en prie, veuillez me suivre, répond M. Korchus.

En pénétrant dans la maison, Holmes ne peut s'empêcher de remarquer les regards froids et dédaigneux que portent sur M. Korchus les employés réunis dans la pièce voisine.

- J'ai fait rassembler tout mon personnel dans la salle à manger, explique le propriétaire. Comme ça, une fois votre conclusion tirée, vous n'aurez plus qu'à récupérer le coupable pour le mettre sous les verrous. Astucieux, non ?

Dans le bureau, Holmes et Watson font quelques constatations : les vitrines n'ont pas été fracturées, la personne qui s'est emparé du petit trésor a utilisé une clef pour ouvrir les vitrines et a laissé celle-ci sur la serrure avant de partir.

L'inspecteur Lestrade sonne à la porte de la demeure. Il est rapidement mis au courant de l'affaire par le propriétaire.

- Vous tombez bien, inspecteur, nous allions interroger les témoins, lui dit Watson.

Les deux enquêteurs et Lestrade pénètrent dans la salle à manger. Holmes ne dit pas un mot. C'est donc Watson qui prend la parole.

Il interroge en premier lieu la femme de ménage, qui reconnaît savoir que la collection a une grande valeur mais affirme que son code de l'honneur lui interdit de voler la moindre chose chez un employeur. Cela fait quelques années qu'elle travaille pour M. Korchus et qu'elle dépoussière deux fois par semaine les étagères des vitrines. Si elle avait voulu voler quelques pièces, elle l'aurait fait depuis longtemps.

Watson se tourne alors vers le sommelier, qui n'est pas très loquace. Il n'apprécie pas particulièrement son employeur, mais un travail est un travail. Son rôle est de veiller à ce que la cave soit remplie et bien entretenue, et de conseiller Monsieur quand il dîne.

ENQUÊTE N°17

Watson termine cette série de questions avec le jardinier. Ce dernier lui confie que la porte de la grange a été forcée et que l'échelle a disparu. C'est sans aucun doute celle que le voleur a utilisé pour grimper au premier étage.

- Vous m'avez l'air perplexe, inspecteur, lance Watson.

- Effectivement, répond Lestrade d'un ton pensif.

- Ne vous tourmentez pas, je sais qui est le coupable. C'est vous ! s'exclame Watson en désignant le sommelier. Tout vous accuse, mon brave, vous auriez dû faire plus attention ! Vous lorgniez un peu trop sur la collection, vous avez forcé la grange pour récupérer l'échelle qui vous a servi à monter au premier étage sans vous faire voir, mais malheureusement, vous avez laissé vos empreintes de pas au bas de l'échelle. Messieurs, dit-il aux policiers en uniforme, vous pouvez passer les menottes à cet homme.

- J'en étais sûr, jubile M. Korchus, espèce de sale voleur !

- Félicitations Watson, s'extasie Lestrade, vous êtes un fin limier !

- Ne le félicitez pas trop vite, inspecteur, réplique Holmes. Il s'est trompé sur toute la ligne !

Qui a volé la collection de pièces ?

LA MORT VOUS VA SI BIEN

Lestrade est en charge de la résolution d'un nouvel homicide dans une maison bourgeoise de Londres. Selon ses premières analyses, Dany Northwood, le riche propriétaire, a été assassiné :

- dans sa bibliothèque ;
- avec un couteau ;
- par… C'est bien là que ça coince !

Avant de mourir, le pauvre Dany a réussi à laisser une carte annotée de son sang. Malheureusement, cela n'aide pas vraiment Lestrade pour coincer le suspect. Il est de notoriété publique que les cinq enfants de la victime – Léonard, Ludivine, Léopold, Hélène et enfin Lambert – ne portaient pas leur père dans leurs cœurs mais étaient tous attirés par l'argent qui leur reviendrait à sa mort. Cela étant dit, chacun peut produire un alibi non contestable.

D'après ses dires, Léonard Northwood dînait en ville avec sa femme.

Ludivine Northwood, elle, préparait son prochain mariage avec sa meilleure amie. Elle peut bien sûr donner son nom et son adresse.

ENQUÊTE N°18

Léopold Nothwood était seul chez lui, il travaillait sur une maquette du Tower Bridge. C'est en effet un maquettiste réputé, Lestrade en a déjà entendu parler.

Hélène Birgham se promenait avec son mari dans Hyde Park, ils ne se sont pas quittés de la soirée.

Enfin, Lambert Northwood, qui venait rendre une édition originale à son père, a découvert le corps de ce dernier et a aussitôt appelé la police.

Tous ces alibis incroyablement simples semblent les innocenter les uns comme les autres, mais Lestrade accuse Léopold, qui connaissait mieux que les autres les points faibles de son père. Il est de belle carrure, était seul chez lui et il aurait pu facilement maîtriser son père s'il se débattait.

Lestrade a-t-il raison ?

BAKER
STREET W1
CITY OF WESTMINSTER
LN M'A
TUÉ

ENQUÊTE N°19

Vol au musée

L'excitation est palpable dans le hall du British Museum. Dans quelques instants, le conservateur va recevoir par coursier un plan de la ville daté de 1450. Inutile de préciser que ce plan est d'une valeur inestimable, aussi bien historiquement que financièrement. Trois journalistes et deux cartographes de renom sont présents pour assister au déballage du colis, qui ne tarde pas à se produire.

Quelques flashs crépitent quand le conservateur dévoile cet héritage du passé. Ravi, il répond à quelques questions, puis range le précieux document dans l'un des tiroirs sécurisés de la pièce, toujours sous l'œil aiguisé des journalistes.

Au moment de la fermeture, alors que la petite fête organisée pour l'occasion touche à sa fin et que les cartographes et les journalistes ont quitté le musée, le conservateur, désireux de revoir une fois encore le précieux plan, se dirige vers l'endroit où les cartes sont rangées.

Stupéfait, il se rend compte que toute la pièce est sens dessus dessous et que la fameuse carte a disparu.

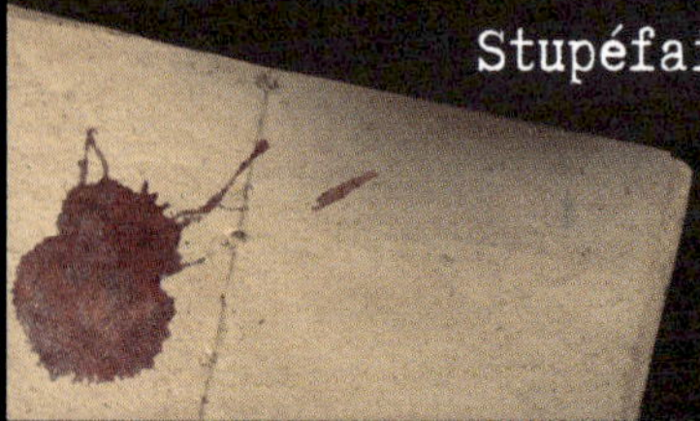

Il tire instantanément la sonnette d'alarme, mais tout le monde a déjà quitté les lieux. L'inspecteur Lestrade, accompagné de Sherlock Holmes et du docteur John Watson, arrive sur les lieux quelques minutes plus tard.

Après leur avoir expliqué la situation et le drame historique qui vient de se produire, le conservateur répond aux questions de l'inspecteur et des détectives.

- Vous souvenez-vous des déplacements des personnes présentes ? demande Watson.

- Approximativement, j'en ai peur. Le jeune journaliste du *London Times* ne m'a pas lâché d'une semelle, il voulait à tout prix être au plus près de la carte. Il a pris beaucoup de photos et m'a posé un nombre incalculable de questions dont il notait scrupuleusement les réponses dans son calepin. La journaliste du *British Journal* a posé quelques questions, pris une ou deux photos, puis elle est partie avant la fin de la présentation. Le sujet n'avait pas l'air de la passionner. Le journaliste du *Royal News* était quant à lui un passionné. Il posait des questions pertinentes et précises.

ENQUÊTE N°19

Je lui ai accordé un entretien privé, prévu pour demain. Mes deux amis cartographes n'ont pas lâché la carte des yeux jusqu'à ce qu'elle soit rangée dans le tiroir. On aurait dit qu'ils assistaient à un miracle ! Quand nous avons bu un verre, ils m'ont fait part, à plusieurs reprises, de ma chance d'avoir un tel poste.

- Merci pour ces informations, Monsieur, dit Lestrade. À quelle heure s'est terminé votre petit verre de l'amitié ?

- Il y a à peine trente minutes. Les journalistes sont partis les premiers, j'ai bu un dernier verre avec mes amis et nous nous sommes dit au revoir sur le pas de la porte du musée. J'ai voulu revoir la carte et j'ai découvert le vol.

- D'accord, dit Watson, les sourcils froncés. Je pense qu'il faut fouiller le domicile de chacun des invités, ils sont tous suspects pour moi. Nous devons agir vite !

- Calmez-vous, Watson, interrompt Holmes. Je sais qui a volé la carte !

Tout le monde tourne la tête vers Sherlock, les yeux écarquillés.

Qui est soupçonné par Sherlock Holmes ?

ENQUÊTE N°20

LE JARDIN DES TUILERIES

Sherlock Holmes et son éternel acolyte le docteur John Watson admirent sans retenue les enfants jouant autour du bassin du jardin des Tuileries.

Ce qui les a amenés à Paris aurait dû rester secret, mais il a transpiré çà et là qu'ils sont à la poursuite du célèbre Aubert de Ville, le plus connu et le plus méconnu des assassins de cette fin du XIXe siècle.

En effet, personne n'a jamais pu voir son visage, personne n'a pu en donner un signalement, personne ne sait à quoi il ressemble et son nom n'est dû qu'à une lettre tombée d'une poche, un jour, quelque part.

En attendant, Holmes et Watson admirent les petits parisiens en train de pousser avec un long bâton leurs petits bateaux sur le bassin, de faire rouler des cerceaux, de courir dans tous les sens montés sur des bouts de bois à tête de cheval.

Cette agitation sans fin finit par agacer Holmes, pétri d'ordre et de méthode.

ENQUÊTE N°20

Les personnes plus âgées ont loué un siège, sous les arbres, à l'ombre ou au bord du bassin pour mieux profiter du spectacle de la jeunesse.

Parmi eux, un vieil homme que rien ne distingue des autres, si ce n'est son port altier et son air indifférent. Il ne regarde rien en particulier et personne ne lui parle. Les gens circulent autour de lui sans le voir.

Une femme balançant un parapluie du bout des doigts, un jeune homme portant une sacoche et une matrone poussant un landau s'éloignent paisiblement.

Soudain, alors que Watson et Holmes parviennent à sa hauteur, le vieil homme chancelle sur sa chaise et s'affale d'un bloc, le nez dans l'eau. Mort.

Panique et hurlements. Pendant que Watson, en bon médecin, se précipite vers la victime, Holmes s'arrête net, hume l'air, rempli de l'odeur particulière de l'amande amère, et s'écrie :

- Ça y est, Watson, je sais enfin à quoi ressemble Aubert de Ville ! Nous allons maintenant pouvoir le traquer et l'arrêter, nous ne sommes pas venus en vain et ce crime ne restera pas impuni.

Et vous, avez-vous reconnu Aubert de Ville ?

ENQUÊTE N°21

UN CAMBRIOLAGE EN RÈGLE

Voici l'état du salon de chez M. Partuiso. C'est ainsi qu'il prétend l'avoir découvert en rentrant de vacances.

ENQUÊTE N°21

Selon les premières constatations, les vandales auraient pénétré par l'une des fenêtres en lançant des pots de fleurs pour les briser. Puis ils auraient tout saccagé et volé la majeure partie des biens de M. Partuiso, sauf quelques vieux livres et un tableau sans aucune valeur marchande.

Cependant, quand Holmes se rend sur place, il comprend tout de suite qu'il s'agit d'une mise en scène.

Pourquoi ?

VOL À LA ROYAL BANK

M. Arthur Chasa vient de sonner au 221B Baker Street. Sherlock Holmes étant occupé à disséquer la main gauche d'un cadavre sur la table du salon, c'est Watson qui va ouvrir la porte. Il découvre cet élégant jeune homme d'à peine 30 ans à l'allure mondaine.

- Bonjour, je cherche à rencontrer M. Sherlock Holmes. J'ai une enquête à lui confier, dit-il.

- Bonjour, Monsieur… ?

- Chasa. Arthur Chasa. Je…

- Vous avez trente secondes pour décrire votre problème, interrompt Sherlock sans lever les yeux de son occupation.

- Euh, je… Très bien, bafouille le jeune homme. Je travaille à la Royal Bank, près de Hyde Park. Et hier soir, j'ai travaillé tard pour clôturer un dossier. Brusquement, surgissant de je ne sais où, un homme cagoulé m'a assommé avec un gourdin. Je me suis réveillé quelques minutes plus tard, attaché sur ma chaise, les yeux bandés et les poings liés. Je l'ai entendu chercher la combinaison du coffre dans lequel je range les bons au porteur. Il a essayé plusieurs combinaisons pendant de nombreuses minutes.

Puis le coffre s'est ouvert, alors qu'il est réputé inviolable ! J'en ai déduit que le voleur devrait certainement être un employé de la banque qui ne connaissait qu'une partie du code. Quand il a quitté la pièce, j'ai immédiatement reconnu la paire de chaussettes noires à pois rouges qu'un de mes anciens stagiaires mettait souvent en venant au travail. Je suis allé porter plainte au poste de police, sans résultat. Ils n'ont rien retrouvé à son appartement, mais je suis sûr que c'est lui. J'ai besoin de votre aide, M. Holmes !

- Watson, faites entrer Monsieur, et fermez derrière lui. Watson s'exécute, et Arthur Chasa vient s'asseoir dans un fauteuil près de Sherlock.

- Bien, dit Holmes. Maintenant, appelons votre patron. Je suis persuadé qu'il sera ravi de savoir qu'un de ses employés tente d'arnaquer l'assurance de sa banque.

Comment Sherlock peut-il tirer une telle conclusion ?

ENQUÊTE N°23

Au feu !

John Watson lit le journal du jour, qu'il a soigneusement étalé sur la table de la cuisine du 22IB Baker Street.

- Sherlock, c'est incroyable, écoutez cela, dit-il à son ami, enfoncé dans son fauteuil favori. « C'est par ce joli jour d'automne que le jardin et une partie de la maison de Mlle Hoeg disparaissent sous des flammes d'une rare intensité. Incendie volontaire ? *Lisez notre article en page 8.* »

« Le feu a pris hier vers I4 h, près du bosquet central. Le jardinier, qui arrosait ses pousses de myosotis, a donné l'alerte. Alors qu'il prenait soin de ses plantes, il a répandu quelques pesticides et il a laissé tomber le petit pulvérisateur qui, en se brisant contre une pierre, a produit une étincelle qui a embrasé d'un coup un tas de feuilles tout proche. Impossible pour le pauvre homme de stopper le feu, les flammes étaient trop virulentes. Le temps qu'il prévienne du monde et qu'il aille chercher de l'eau, le feu s'était propagé au tas de feuilles voisin et à des arbustes.

ENQUÊTE N°23

Ce n'est que quelques longues dizaines de minutes plus tard que les pompiers ont pu intervenir sur les lieux du drame. Après de longues heures de lutte contre l'incendie, ils ont retrouvé au pied du bosquet brûlé le petit pulvérisateur en laiton décrit par le jardinier. La piste criminelle est donc bien écartée. Mlle Hoeg en appelle à la générosité de chacun pour l'aider à reconstruire la partie détruite de sa maison et redonner vie à son beau jardin qui n'est plus que cendres et désolation. » Nous devrions donner quelque chose à cette pauvre dame, Sherlock. Elle s'est toujours montrée bienveillante avec les gens de son quartier.

- Nous allons lui donner bien plus, Watson : nous allons lui donner le nom du pyromane !

Pourquoi Holmes pense-t-il que l'incendie est volontaire ?

ENQUÊTE N°24

BZZZZZZZZZZZZ !

L'inspecteur Lestrade, le nez dans ses notes, gravit quelques marches, frappe à la porte de Sherlock Holmes et entre sans attendre sa réponse.

- Bonjour Holmes, je viens vous voir pour une nouvelle affaire à résoudre. Vous avez déjà entendu parler de Mme Barigny ?

- Bonjour inspecteur, dit Watson. Holmes est sorti perfectionner une technique de filature. Mais si je peux vous être utile…

Gêné de ses manières quelque peu cavalières, Lestrade s'excuse auprès de Watson puis lui explique l'affaire. Watson écoute l'inspecteur avec grande attention. Il ne veut manquer aucun détail et il est d'avance ravi de résoudre une affaire sans son acolyte.

En revenant en fin de matinée de sa promenade dominicale, Mme Barigny s'est rendu compte que ses ruches, disposées sur le toit de son immeuble, avaient été vandalisées. Toutes ses abeilles étaient mortes, écrasées ou enfumées. Un vrai génocide.

- Quand je suis allé lui rendre visite, je n'ai remarqué aucun signe d'effraction sur la porte d'entrée, dit Lestrade. Il est donc évident que la personne responsable du massacre possède les clefs de la maison. Quand je lui ai demandé qui pouvait avoir les clefs de chez elle, elle a été horrifiée. Seuls ses trois enfants ont un trousseau : Jules, Peter et Felicity.

– Effectivement, cela doit être un coup dur pour cette pauvre femme. Allons interroger ses enfants, dit Watson, trop heureux de pouvoir mener un interrogatoire de son propre chef.

– C'est déjà fait, répond Lestrade, amusé par la réaction de Watson. Les transcriptions sont dans ce dossier, dit-il en tendant une chemise cartonnée.

Watson attrape les documents, s'assied dans le fauteuil de Holmes en s'y enfonçant confortablement et commence la lecture, à haute voix, des différents alibis.

– Jules a affirmé avoir passé la matinée dans le comté de Burksbury à jouer au cricket avec sa femme. Ils étaient avec de nombreux amis, qui peuvent certainement confirmer leur alibi. Il a ajouté qu'il adore le miel que récolte sa mère et que ô grand jamais il ne pourrait faire de mal à ces petites bêtes à rayures. Peter, quant à lui, a déclaré s'être déplacé jusqu'à la poste pour envoyer un paquet à sa nièce qui a eu 8 ans dans la semaine. Il ne visite qu'assez rarement sa mère. Il ne savait même pas qu'elle avait installé des ruches sur les toits. Sûrement une nouvelle lubie.

– Nous avons vérifié, la petite a bien soufflé sa huitième bougie cette semaine, coupe Lestrade.

– Je vois, dit Watson. Felicity, reprend-il, vous a dit qu'elle randonnait ce jour-là avec son chien, un magnifique springer,

dans la campagne. Malheureusement, elle n'a rencontré personne qui pourrait confirmer sa présence. Et vivant en dehors de la ville, les quelques ruches sur le toit de la maison de sa mère étaient le cadet de ses soucis.

Après quelques instants de silence, Watson fait la moue. Avec aussi peu d'éléments, il n'est pas en mesure d'émettre une hypothèse valable.

- Je suis désolé, inspecteur, il va falloir attendre le retour de Sherlock pour élucider ce mystère. Je m'avoue vaincu.

Un rire moqueur retentit derrière la porte de l'appartement. Un rire qui s'amplifie.

Watson et Lestrade se regardent, interloqués. Puis l'inspecteur se lève et ouvre la porte d'un grand geste. Derrière, un Holmes plié de rire.

- Mon ami, dit-il à Watson en reprenant son souffle, vous n'êtes vraiment pas très dégourdi aujourd'hui. Vous… Vous… Ah ah ah… Je suis désolé, je vais aller me promener, j'ai… J'ai besoin de marcher pour évacuer tous ces rires…

Puis il descend les escaliers en continuant à pouffer. La porte d'entrée claque, et de la rue on peut entendre :

- Au fait, inspecteur, je sais qui est votre tueur d'abeilles !

Puis des rires, à nouveau…

Qui est le responsable selon Holmes ?

ENQUÊTE N°25

PERSONNE AU BOUT DU FIL

– Vous croyez que c'est un meurtre, inspecteur ? demande Mme Groven, la maîtresse de maison, à Lestrade. Qui aurait pu faire une chose pareille ?

L'inspecteur Lestrade est au domicile de Mme Groven, dans le bureau de son mari que l'on vient de retrouver inanimé, allongé à côté de son siège.

Tout en écoutant parler la pauvre femme, Lestrade inspecte la pièce, une luxueuse salle d'environ quatre mètres sur quatre, avec une admirable cheminée en marbre sur laquelle trônent une pendule de style Louis XVI et deux statuettes en bronze doré.

Sur le mur, un tableau, sûrement une reproduction de maître ; en dessous, un petit buffet marqueté ; à sa droite, une étagère en hêtre sculpté pleine de livres à la reliure dorée.

Au centre de la pièce, posé sur un tapis persan de belle qualité, un bureau anglais sur lequel les documents sont parfaitement rangés et où se trouvent un porte-plume nettoyé avec sa fiole d'encre à moitié vide, un téléphone au combiné accroché sur

sa base, une carafe d'eau pleine ainsi qu'un verre à moitié vide, le courrier du jour et une petite assiette de gâteaux secs fort appétissants.

- Pouvez-vous me rappeler dans quel domaine travaillait votre mari, s'il vous plaît ? demande Lestrade en sortant son carnet de notes.

- Il était dans l'import-export. Il était principalement en relation avec l'Inde. Quel magnifique pays !

Il m'y a emmenée une fois, les gens y sont si gentils, dit Mme Groven avec une petite voix emplie de tristesse.

- Je suis désolé de vous redemander cela, mais pour les affaires délicates comme celle-ci, je dois prendre certaines notes pour notre détective qui va arriver sous peu. Alors racontez-moi précisément ce qu'il s'est passé lorsque vous étiez au téléphone avec votre mari un peu plus tôt dans la matinée.

- Eh bien, explique Mme Groven en ravalant ses larmes, j'étais chez une cliente, Mlle Baye, une charmante jeune femme qui s'est récemment installée dans le quartier de Groove Street – vous savez, les nouveaux immeubles en briques qui donnent sur la Tamise… Bref, j'aidais Mlle Baye à peaufiner ses choix décoratifs pour qu'elle puisse vivre dans l'intérieur de ses rêves. Je me suis

ENQUÊTE N°25

souvenue d'une magnifique table de salon que mon mari a récemment importée, mais je n'avais plus ses dimensions en tête. Je l'ai donc appelé, et alors qu'il me donnait les mesures, je l'ai entendu pousser un râle et gémir. Puis plus rien. J'ai tout de suite appelé les services de secours pour qu'ils puissent porter assistance à mon mari, et je suis arrivée aussi vite que j'ai pu, quelques minutes après vous. Et c'est là que je l'ai vu…

Mme Groven se met à sangloter et se réfugie, non sans une certaine pudeur, dans le giron de l'inspecteur Lestrade qui, un peu gêné, l'entoure de ses bras.

- Je suis désolé, Mme Groven. Votre mari était sans doute fragilisé, il devait être bien fatigué et son cœur s'est arrêté. Je suis sûr qu'il n'a pas souffert.

Sherlock Holmes, qui vient d'arriver dans la pièce, lance un regard interrogatif à Lestrade, qui se contente de lui tendre son carnet de notes. Holmes lit les quelques lignes, fait le tour de la pièce d'un regard, puis lance :

- Lestrade, vous avez raison, il est mort. Mais certainement pas de cause naturelle !

Comment Sherlock peut-il être persuadé que M. Groven a été assassiné ?

ENQUÊTE N°26

BIJOUTERIE & RECELEURS

La bijouterie du centre-ville a été cambriolée cette nuit. Holmes et Watson sont demandés en renfort pour résoudre cette affaire. Le propriétaire voudrait faire réparer la vitrine cassée au plus vite, pour pouvoir rouvrir le magasin. Plus que jamais, l'adage est vrai : le temps, c'est de l'argent.

- Ah ! Bonjour Holmes, bonjour docteur, s'exclame l'inspecteur Lestrade à l'arrivée des deux hommes. Je suis bien content que vous soyez là. Nous avons là un cambriolage bien organisé. En moins de dix minutes, les braqueurs ont brisé la devanture, se sont faufilés par l'ouverture et ont vidé cinq vitrines sur les sept que comporte le magasin.

- Impressionnant, répond Holmes en pénétrant dans la bijouterie, suivi par un Watson quelque peu vexé de n'être que l'ombre de son acolyte. Quels étaient les bijoux présentés dans ces vitrines ?

- D'après le propriétaire, dit Lestrade en vérifiant ses notes, il y avait une vitrine de montres, dont certaines en or, une de colliers, une de bagues, une de bracelets, et une spéciale pour les diamants.

– Voilà qui est intéressant, avance Watson.

Mais personne ne rebondit sur sa remarque. Passablement énervé, Watson fait le tour de la bijouterie. Il inspecte les vitrines brisées avec attention, prenant quelques notes pour se donner un air important. Il lâche quelques « Oh ! », mais Lestrade et Holmes sont partis dans leur discussion et rien ne semble pouvoir les perturber. Watson continue son tour et sort par le trou béant de la devanture, en prenant soin de ne pas glisser sur le verre répandu sur la chaussée. Puis, sa présence ne semblant pas nécessaire ni désirée, il se réfugie à la terrasse du café d'en face pour attendre Holmes tout en gardant un œil sur lui.

Pendant ce temps, Holmes dresse une liste de suspects potentiels parmi les revendeurs de bijoux volés. Il est de notoriété publique que certains bijoutiers de la Clamecy's Street ne sont pas d'honnêtes citoyens. Holmes et Lestrade décident d'aller les interroger.

Dans la première boutique, le vendeur, un homme d'une quarantaine d'années qui porte le poids de la gourmandise sur ses hanches, n'est pas très à l'aise de recevoir la visite des forces de l'ordre. Ne quittant pas Holmes des yeux pendant tout l'interrogatoire, il donne tout de même comme alibi qu'il était auprès de son épouse toute la nuit. Comme il ronfle comme un sonneur, elle pourra sans doute confirmer sa présence.

En sortant, Holmes attrape un petit vase asiatique exposé en décoration dans une vitrine, et le dépose dans la main de Lestrade.

- Il a été volé la semaine dernière au British Museum, dit le détective. Ne me remerciez pas.

Ils arrivent ensuite chez le deuxième revendeur potentiel, un homme élancé et sec. Son regard noir et coléreux ne donne pas envie de le contrarier, mais cela n'empêche pas Holmes de mettre les pieds dans le plat et de l'interroger au sujet d'un éventuel recel de bijoux volés. Étonnamment, l'homme répond d'une voix très douce et enjôleuse. Cette nuit, il rentrait d'une importante vente aux enchères qui avait lieu à Manchester. Il ne peut être partout à la fois, dit-il avec un sourire complice en montrant son coupon de train aux deux hommes.

Lestrade et Holmes quittent la boutique sans un mot, puis se dirigent vers la troisième boutique. Fermée. Changement de propriétaire.

Bail à louer. La poussière visible à travers la vitre de la devanture les assure que cela ne date pas d'hier.

Ils se dirigent donc vers la quatrième et dernière bijouterie. L'homme, un bras bandé, se déplace avec difficulté. Sa boutique est plongée dans une certaine pénombre car la vitrine de son magasin est remplacée par une grande planche en bois. Selon lui, des voyous se sont acharnés il y a quelques jours sur sa boutique à coup de cailloux et de projectiles divers. Il vidait des cartons quand cela s'est produit, il s'est caché mais une de ses vitrines est tombée et s'est écroulée sur son bras. Il aimerait ne pas être traité par les policiers comme un voyou, mais plutôt comme une victime. Sur ce, il demande aux deux hommes de partir immédiatement.

- Bon, allons au poste. Nous devons étudier la situation et ratisser plus large, nous avons manqué quelque chose ! dit Lestrade, contrarié.

- *Vous* avez manqué quelque chose ! Moi, j'ai tout compris ! lui répond Holmes, un sourire aux lèvres.

Qui a braqué la bijouterie du centre ?

Presqu'île

C'est vers 3 h du matin que les habitants du petit quartier de la presqu'île de Grooven Bay ont été réveillés par un cri glaçant venu de la maison de M. Hooper.

Rapidement, quelques-uns d'entre eux se sont précipités chez le vieil homme, qu'ils ont trouvé inanimé dans son salon, une vilaine plaie au crâne. Les forces de police n'ont pas mis longtemps à se rendre sur place. Compte tenu de la notoriété de la victime, ils ont fait intervenir un inspecteur de Londres, Lestrade, qui est lui-même venu avec ses propres consultants, Sherlock Holmes et John Watson. Après avoir examiné le corps de la victime, ils interrogent les témoins.

Mlle Davis, une femme de 40 ans d'allure sportive, bien emmitouflée dans sa robe de chambre et bouleversée par les événements, raconte à Lestrade qu'elle a entendu quelqu'un courir dans la rue peu après le grand cri, sûrement le meurtrier s'échappant de chez M. Hooper.

M. Lam, un trentenaire qui a belle allure dans son costume, corrobore le témoignage de Mlle Davis. Le cri l'a fait sursauter, il s'est réveillé d'un bond et s'est précipité à la fenêtre. Il ajoute avoir vu une silhouette s'enfuir au pas de course par la porte avant du domicile de la victime.

- Ah ! Je n'ai donc pas rêvé, renchérit M. Sulivan, un homme athlétique. Mon lit étant près de la fenêtre, j'ai poussé le rideau pour jeter un œil dehors, et j'étais persuadé d'avoir vu quelqu'un. Vous me rassurez !

- Dans ce cas, pouvez-vous me dire dans quelle direction cette personne est allée ? demande Lestrade aux témoins.

Tous sont formels : le mystérieux suspect a remonté la rue, en direction de la côte, à la pointe de la presqu'île.

- Nous avons donc un souci, dit Watson. Soit il avait un bateau pour s'enfuir, mais prendre le large à cette heure-ci n'est pas raisonnable, soit il est toujours dans le quartier.

- Vous avez raison, répond Lestrade avant de se tourner vers un homme en uniforme. Officier, déployez vos hommes et quadrillez le secteur, l'individu que nous recherchons est toujours dans les parages.

- Ne vous fatiguez pas, inspecteur. Je crois savoir qui est notre tueur.

Qui est soupçonné par Sherlock Holmes ?

ENQUÊTE N°28

SACRÉE SOIRÉE

John Watson est convié par d'anciens collègues, également docteurs en médecine, qui se sont réunis pour former un groupe de réflexion et de travail. Ravi de l'invitation à cette soirée privée, il propose à Holmes de l'accompagner : cela les changera de leurs soirées remplies de crimes, vols et violences en tout genre ! Après un trajet sans encombre, les deux hommes arrivent devant un somptueux manoir. Accueillis comme des personnages de haut rang, ils sont invités à pénétrer dans le salon.

- Ah ! Docteur ! s'exclame un homme d'une soixantaine d'années légèrement bedonnant, les bras grands ouverts vers Watson. Si vous saviez comme je suis heureux de vous revoir ! Il se tourne vers Sherlock. Et vous devez être M. Holmes, dit-il. Je suis absolument ravi de faire votre connaissance. Votre ami nous a souvent parlé de vous. Soyez assuré que vos exploits vous précèdent !

- Eh bien, merci, répond Holmes, étrangement gêné. Lui qui déteste les compliments, il est servi !

- Si vous saviez comme nous sommes fiers du docteur Watson, continue l'hôte avec un impressionnant débit de parole. C'est un homme extraordinaire. Savez-vous que, pendant nos études,

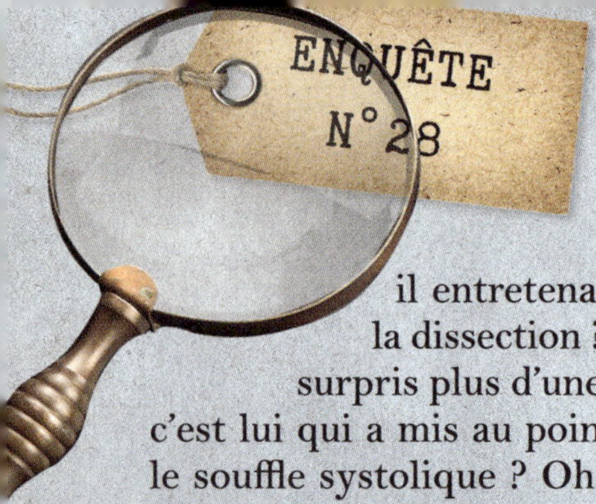

il entretenait une véritable passion pour la dissection ? Il l'a toujours nié, mais on l'a surpris plus d'une fois ! Vous a-t-il raconté que c'est lui qui a mis au point une méthode pour dépister le souffle systolique ? Oh, je serais ravi que vous nous parliez d'une de vos histoires ! Je suis sûr que vous en avez une ou deux assez sanguinolentes sous le coude, finit-il avec un clin d'œil appuyé.

- Nous verrons cela au cours de la soirée, George. Présentez-nous d'abord à vos autres convives, répond Watson d'un ton amical, venant au secours de son ami.

Après les présentations, les éloges qui fusent, un bon repas bien arrosé et quelques anecdotes « croustillantes » de Holmes, dont la langue s'est quelque peu déliée, l'un des invités prend la parole.

- Eh bien mes amis, j'ai eu moi-même une enquête à résoudre. Une enquête qui inclut un fantôme, et cela dans mes propres murs ! dit James, un homme d'une cinquantaine d'années.

- Oh oh ! s'exclame un Watson quelque peu guilleret. Faites-nous part de votre aventure ! Nous sommes tout ouïe.

- Vous savez que mon manoir en Écosse est supposé être hanté – comme presque tous les manoirs de la région, me direz-vous.

Eh bien un matin, alors que j'étais seul dans la demeure avec mon domestique, le bon au porteur de 45 000 livres que je tiens de mon grand-père, qui était toujours rangé dans mon bureau, avait disparu ! Si, si ! Disparu. Il n'était plus là. Au début, j'ai cru qu'on me faisait une farce. J'ai commencé à chercher dans les tiroirs, dans mes porte-documents, mais rien. Et c'est là que mon domestique est entré dans la pièce, le visage pâle, un regard noir et plein d'effroi. Il m'a dit : « Monsieur, c'est le fantôme de votre grand-père qui est venu récupérer son bien. Vous devriez partir avant qu'il ne vous fasse du mal ! »

L'assemblée frissonne de surprise. C'est à ce moment que les digestifs sont apportés et que chacun se sert un bon verre de scotch. James continue son histoire.

- J'ai commencé à rire, mais mon domestique n'avait pas l'air de plaisanter. Il est resté droit comme un piquet et m'a répété la même chose.

- Qu'est-ce que vous avez fait, alors ? demande Watson en avalant une rasade de son verre.

- J'ai continué mes recherches toute la journée en vain, avec cette idée que mon grand-père me voulait du mal qui me trot-

ENQUÊTE N°28

tait dans la tête. Puis le soir, ayant du mal à fermer l'œil, je me suis levé pour me faire un café et j'ai vu de la lumière sous la porte de mon bureau. Prenant mon courage à deux mains, j'ai attrapé le tisonnier du salon et j'ai ouvert la porte de mon bureau en grand, prêt à affronter tant bien que mal une créature éthérée venue du tréfonds des enfers. Je n'ai découvert que mon domestique en train de récupérer le bon au porteur qu'il avait soigneusement caché dans un livre, entre les pages 15 et 16. Vous voulez connaître le titre du livre qu'il avait choisi ? *Le Chien des Baskerville.* Et, tenez-vous bien, ça parle de créatures démoniaques, de fantômes et de mort.

Un silence s'abat sur la pièce. Tout le monde est stupéfait du courage et de la perspicacité de James. Ils sont tous pendus à ses lèvres. Tous, sauf un : Holmes.

- Vous êtes doué pour raconter des histoires. Vraiment, vous avez un don pour la dramaturgie et vous savez tenir votre public en haleine. Mais ce ne sont que des histoires, rien de tout cela n'est vrai ! N'est-ce pas ?

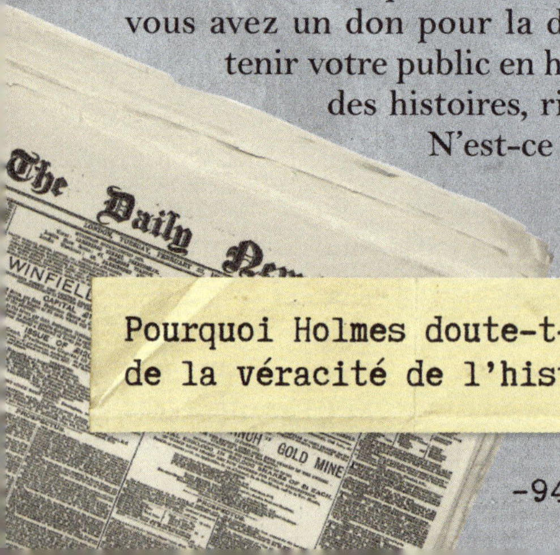

Pourquoi Holmes doute-t-il de la véracité de l'histoire ?

ENQUÊTE N°29

LE PÊCHEUR

– Mettez vos bottes, lance Holmes à Watson. Nous allons près de la Tamise, un corps a été retrouvé sans vie. Et j'espère que vous n'avez pas trop mangé ce midi : selon Lestrade, il faut avoir l'estomac bien accroché pour voir le corps.

Les deux compères se mettent en route vers la campagne londonienne, près de la petite bourgade de Richmond. Quand ils arrivent sur les lieux, une grosse couverture détrempée recouvre une forme vaguement humaine. Watson fait un petit signe à Lestrade, qui soulève un coin de la couverture en regardant dans la direction opposée. Le docteur découvre que le corps de la victime est recouvert de lacérations. En regardant de plus près, il remarque que les globes oculaires ont été enfoncés dans la boîte crânienne. Au vu des épanchements sanguins sous-cutanés, la victime était toujours vivante quand cela s'est produit. Elle a été sauvagement torturée.

– Encore une victime du tueur de la Tamise ? demande Watson à un Lestrade livide.

– Oui, sans aucun doute. Même mode opératoire. Un jeune garçon entre 10 et 13 ans, violé, torturé et lancé dans la rivière quelques minutes après la mort. Mais cette fois-ci, je suis sûr qu'on va l'arrêter. Nous avons trois suspects au poste. Nous les avons coincés sur la seule route qui part du pont. Le corps a sûrement été lancé de cet endroit. Mais je vous attendais, allons au poste pour l'interrogatoire.

Installés dans des cellules séparées, les trois suspects sont assis sur une chaise et menottés à la table qui leur fait face.

- Si c'est bien l'un d'entre eux, nous ne voulons prendre aucun risque, lance Lestrade à Watson, qui semble mal à l'aise face à ce traitement.

Le premier suspect, hors de lui, exige qu'on lui ôte ces menottes : il ne répondra à aucune question tant qu'il sera attaché comme un animal. Sherlock Holmes le remet tout de suite à sa place en lui démontrant qu'en tant que pêcheur, il se rend maintenant compte de ce que cela fait d'être pris au piège. L'homme se calme et répond aux questions. Il vient depuis de nombreuses années dans cette région pour pêcher, c'est l'un des meilleurs endroits pour trouver des anguilles et des perches franches. Il utilise une canne à pêche à anneaux, avec un moulinet à une vitesse pour ne pas effrayer le poisson. Il aimerait rentrer chez lui.

Le deuxième suspect, un homme plutôt calme mais qui doit bouillir à l'intérieur, demande pourquoi on l'a arrêté de cette manière, assez violemment, sur le bord de la route, alors qu'il était tout disposé à suivre les forces de l'ordre.

Il menace à demi-mot de porter plainte si sa canne de lancer est abimée et si les agents de police ont perdu le contenu de sa pêche, qui s'élevait à deux truites et deux chevesnes.

Le dernier suspect, agité, essaye de démonter discrètement la fixation des menottes, en vain. C'est un habitué de cet endroit. Habitant de Richmond, il estime que, depuis son achat d'une canne à emmanchement, c'est le meilleur endroit pour trouver mérous et anguilles. Cela dit, malgré son entière coopération, il ne compte pas en rester là et va demander réparation auprès de la ville de Londres pour arrestation abusive.

Prenant une pause autour d'un thé, Lestrade, Holmes et Watson débriefent à propos des interrogatoires.

Le tueur de la Tamise fait-il partie des suspects ?

ENQUÊTE N°30

VOL EN PLEIN JOUR

C'est en rentrant d'une affaire difficile sur les bords de la Tamise que Holmes et Watson découvrent que la statuette du XIVe siècle qui ornait leur cheminée a disparu.

- Ce n'est pas vous qui l'avez utilisée pour l'une de vos expériences ? demande Watson à Holmes.

- Non. Ce n'est pas vous qui l'auriez cassée par mégarde ? répond Holmes.

- Non.

Les deux hommes se regardent, puis crient en chœur :

- Mlle Hudson ?!

Une femme d'une soixantaine d'années apparaît quelques instants plus tard sur le pas de la porte. C'est la logeuse de Holmes.

- Mlle Hudson, dit Sherlock avec une voix étonnamment calme, auriez-vous emprunté la statuette en bronze qui était juste là, sur la cheminée ?

- Diantre non, Monsieur. Pourquoi aurais-je fait une chose pareille ?

- Je ne sais pas, vous aviez peut-être…

Holmes s'arrête brutalement dans sa phrase.

- Qu'est-ce que c'est que cela ? demande-t-il en désignant un paquet enroulé dans du papier kraft posé sur le guéridon près de la porte.

- Ça ? C'est un officier de police qui est passé déposer ce colis, pour une affaire en cours, m'a-t-il dit.

- Vous a-t-il montré sa carte ?

- Non, mais il était en uniforme, je n'ai pas trouvé cela nécessaire.

- Quelqu'un d'autre est-il venu ici ? demande Holmes en scrutant la pièce.

- Juste l'ouvrier d'entretien de la plomberie Miller, qui est passé dans tous les appartements de l'immeuble, et le facteur.

- Quelque chose ne va pas, Holmes ? demande Watson, inquiet du comportement de son ami.

– J'ai l'impression que le vol de la statuette n'est qu'un prétexte, comme pour dire : « Bonjour Holmes, je peux venir chez vous quand bon me semble ». Est-ce que le facteur ou l'ouvrier ont dit quelque chose de spécial ? demande le détective à Mlle Hudson.

– Attendez que je me souvienne… Non, je ne crois pas. Le facteur avait un courrier à vous faire signer, mais il m'a indiqué qu'il repasserait demain dans la matinée. L'ouvrier m'a laissé la carte d'entretien, il n'a décelé aucune irrégularité, il a juste noté une petite anomalie sur un câble dans un appartement du deuxième, mais cela ne nécessitait pas d'intervention immédiate. En tout cas, rassurez-vous : tout est en règle dans votre logement !

– Je pense que vous divaguez, mon ami, dit Watson d'un ton amusé. Vous êtes habitué à voir le mal partout.

– Et j'ai bien raison, rétorque Holmes.

Qui Holmes soupçonne-t-il ?

ENQUÊTE N°31

Meurtre à domicile

C'est lors d'une visite de courtoisie que le juge Sir Mc Loede est retrouvé mort à son domicile par l'inspecteur Lestrade. La scène de crime est assez insupportable à regarder. Le juge a sans aucun doute été la victime d'un sadique qui a cherché à se venger. Il a été poignardé à de multiples reprises, violé et émasculé. Réprimant un haut-le-cœur, Lestrade appelle directement Holmes et Watson, qui arrivent quelques dizaines de minutes plus tard.

Malgré l'expérience en médecine du docteur Watson, il lui est difficile, au premier abord, de regarder le corps tant les mutilations sordides dont a été victime le pauvre homme le révulsent. Après observation, la cause du décès semble être l'asphyxie. On lui aurait mis une corde de force dans la bouche jusqu'à l'asphyxie et la mort.

ENQUÊTE N°31

Rapidement, l'affaire est à la une de tous les journaux et tabloïds de la région : « Le juge Mc Loede assassiné ! Le meurtrier s'est acharné ! »

Heureusement pour les lecteurs, aucun détail vulgaire n'a été retranscrit dans les papiers. On y apprend juste que le juge est mort chez lui, assassiné, et qu'une enquête est en cours.

Sherlock fait convoquer les employés de maison de Sir Mc Loede, mais tous ont un alibi pour le soir du crime. Personne n'était présent au domicile du juge, qui leur avait donné la soirée.

Mlle Pantenone, la cuisinière, une femme d'une soixantaine d'années, n'ose pas imaginer ce qui a pu se passer. Elle est terrifiée à l'idée de retourner dans cette maison. Elle aimait bien son patron, elle lui préparait souvent des petits plats à base de fruits de mer.

M. Lawn, le jardinier, un homme bien bâti d'une quarantaine d'années, n'avait que peu de contacts avec son patron. Les relations humaines, ce n'est pas son fort. Malgré tout, il éprouve une certaine peine pour le juge. Mourir étouffé de la sorte, cela a dû être horrible. Il apportera des roses blanches du jardin à l'enterrement, c'étaient les préférées de Sir Mc Loede. C'est le moins qu'il puisse faire pour lui rendre hommage.

M. Fullfred, le majordome, un homme frêle d'une soixantaine d'années, déplore la perte de son patron. Cela faisait plus de quarante ans qu'il était à son service. Certes, Mc Loede avait déjà eu la main lourde une fois ou deux quand il était jeune, mais avec le métier difficile qu'il exerçait, impossible de lui en vouloir. C'était un chic type. La veille, il recevait « secrètement », c'est pour

ENQUÊTE N°31

cela que le personnel avait quartier libre. Pour satisfaire son patron, le majordome avait fait préparer un repas froid et du bon vin, déposés directement dans sa chambre. Il s'inquiète pour la suite des événements et pour l'avenir de son poste.

Une fois tous les employés sortis, l'inspecteur questionne Sherlock.

- Allez, mon ami, faites-moi plaisir : dites-moi que vous connaissez le coupable. J'ai vraiment besoin de votre aide sur ce coup !

- Je pense que nous n'avons pas assez d'éléments, prévient Watson. Vous savez aussi bien que nous, inspecteur, qu'il est dangereux de se lancer dans des hypothèses dès le début d'une enquête. D'ailleurs…

- Watson ! l'interrompt Sherlock d'un ton sec. Arrêtez votre bla-bla. Je connais l'identité du meurtrier.

Qui a sauvagement assassiné le juge Mc Loede ?

ENQUÊTE N°32

ÉDITION LIMITÉE

– Si je résume : c'est donc dans ce tiroir qu'était rangé votre exemplaire dédicacé de *His Last Bow*, récemment acquis ? demande Holmes au propriétaire, M. Donovan.

- Tout à fait, et comme vous pouvez le constater, le bureau a été fouillé, le tiroir forcé, et l'œuvre, cette précieuse œuvre, s'est envolée.

- Voilà qui est bien regrettable, en effet, lui répond Holmes. Vous vous êtes aperçu du vol ce matin vers 10 h ? Quand êtes-vous allé dans votre bureau pour la dernière fois ? Et qui est venu chez vous depuis ?

- J'ai travaillé de chez moi hier jusqu'à 14 h. Je peux vous assurer que mon bureau était en ordre quand je l'ai quitté. Si je n'omets personne, hormis ma femme de ménage, qui jase dans mon dos dès qu'elle en a l'occasion et qui nettoie mon bureau entre midi et 13 h, j'ai reçu le fleuriste vers 17 h. Il a déposé un ravissant bouquet dans l'entrée, pour la petite soirée que j'organisais hier soir. Vers 19 h, Mme Miller, la critique littéraire, est arrivée.

ENQUÊTE N°32

Nous avons passé la soirée ensemble, elle est repartie vers 23 h. Ce matin, aux alentours de 9 h, ma femme est rentrée à la maison. Elle était chez sa sœur, comme toutes les semaines. Elle n'a pas quitté sa chambre depuis son retour.

- Je vois, dit Holmes.

Puis il se tourne vers Watson, qui écoute l'interrogatoire en prenant quelques notes sur son calepin.

- Alors, mon cher, que devrions-nous demander à M. Donovan comme récompense quand nous lui rapporterons sa précieuse édition ? dit Sherlock avec un large sourire.

Qui a très certainement volé le livre de M. Donovan ?

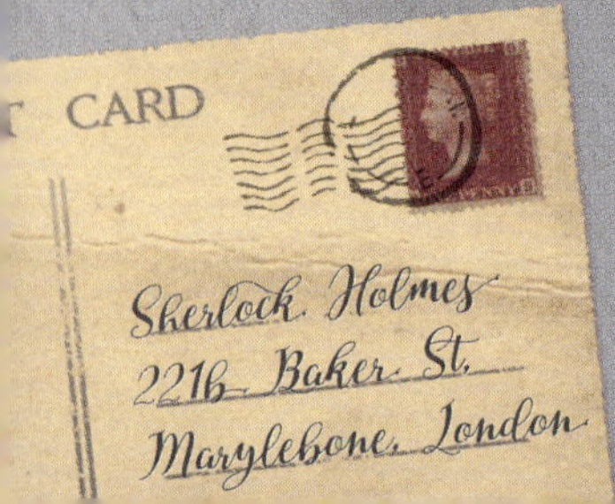

ENQUÊTE N°33

MONDANITÉ

C'est en une de tous les journaux locaux : la famille Duval est en deuil, l'un de ses riches héritiers est décédé. Selon les journaux, la piste criminelle n'est pas écartée et l'inspecteur Lestrade de la police londonienne est sur l'affaire.

C'est en lisant la presse du jour que Watson découvre cette information.

- Nous devrions donner un coup de main à notre ami Lestrade, dit-il à Holmes. Ça me semble être une grosse enquête.

- Et ? Nous n'allons tout de même pas nous jeter sur une affaire, gratuitement, alors qu'il s'agit d'une riche famille qui a bâti sa fortune sur le dos de pauvres gens ! Surtout que l'on ne nous a rien demandé !

Le téléphone sonne, Watson décroche. Après une courte conversation, il s'adresse à Holmes avec un demi-sourire.

- L'inspecteur requiert nos services !

- Vous êtes content ? dit Holmes en maugréant.

ENQUÊTE N°33

Quelques instants plus tard, ils arrivent au poste de police. Sherlock, toujours la mine fermée, écoute Lestrade exposer l'affaire.

- Des suspects ? le coupe Holmes.

- Oui, répond Lestrade, qui n'aime pas être interrompu de la sorte. Mais comme on pouvait s'en douter, ils sont tous innocents : ils n'ont rien fait, rien vu et rien entendu !

- Qu'ont-ils dit ? demande Watson, intéressé.

- M. Taylor, un riche concurrent de la famille Duval, dînait chez des amis à l'heure supposée du meurtre. Selon lui, bien qu'ils soient concurrents, il a beaucoup de respect pour les Duval. Les affaires sont pour lui plus un jeu qu'autre chose. Jamais il ne ferait tuer quelqu'un pour obtenir un contrat ou évincer un compétiteur.

Mlle Davies, à la tête d'une grosse fortune de la ville, m'a avoué qu'elle avait un autre plan pour évincer la famille Duval : elle comptait épouser Morgan, le fils aîné, puis le pousser à la faute. Un procès qui aurait fait sans nul doute beaucoup de bruit et causé beaucoup de tort à la famille. Elle est plus ennuyée qu'autre chose que son ex-futur-époux soit mort, elle va devoir trouver un autre plan pour faire fortune. Quant à M. Wilson, il compte expatrier sa fortune et ses investissements vers le Nouveau Monde. Les querelles

londoniennes le fatiguent. Et comme ce sont toujours les mêmes familles qui s'enrichissent, il trouve que le jeu n'est pas fair-play. Il a osé me glisser à l'oreille qu'il a déjà rêvé de voir un ou deux grands pontes de notre ville casser sa pipe, mais jamais il ne passerait à l'acte ! C'est un homme d'affaires, pas un criminel.

- Je vois une certaine Mlle Evans sur votre liste des suspects, dit Holmes.

- Oui, mais ce n'est qu'une enfant, si je puis dire. C'est une jeune aristocrate, une parvenue qui cherche à se faire un nom dans la société. Elle m'a indiqué que…

Lestrade cherche dans ses notes.

- Elle m'a indiqué que le soir du meurtre, elle dînait en compagnie de prétendants que sa mère avait soigneusement sélectionnés. C'est une occupation qui l'a, je cite, « occupée une bonne partie de la nuit ». Je n'ai pas cherché à en savoir davantage.

- C'est bien dommage, mais ce ne sera pas nécessaire : nous avons tout ce qu'il nous faut.

Qui Sherlock Holmes soupçonne-t-il ?

ÉLÉMENTAIRE, MON CHER !

Par une belle matinée d'automne, Holmes houspille son acolyte.

- Mais enfin, Watson, relisez vos notes ! Quand nous sommes arrivés sur les lieux, que s'est-il passé ?

- Eh bien, dit un Watson penaud, on a poignardé M. Hubert vers 4 h du matin dans son appartement. L'arme était toujours logée dans son abdomen quand nous avons vu le corps. Je n'ai rien noté de plus.

- Oui, et qu'ont dit les témoins interrogés ?

- Mme Byrne, la vieille dame d'en dessous, venait de finir son livre quand elle a entendu, avec difficulté car elle est un peu dure d'oreille, de grands coups frappés à sa porte : ceux de Lestrade qui recueillait les témoignages.

M. Gagnon, le gardien, a été averti de l'horreur par les enquêteurs, il n'a rien entendu de spécial dans les couloirs.

Mme Williams venait tout juste de rentrer d'une longue partie de poker avec des amies, elle est arrivée quelques minutes après les forces de police.

M. Wang, le voisin de M. Hubert, travaillait sur son prochain livre. Il écoutait de la musique tout en regardant les oiseaux dans le ciel, il n'a rien entendu d'inhabituel dans l'immeuble.

M. Roy n'a pas souhaité parler, il nous a donné la carte de son avocat.

- Bon, voilà, j'espère que vous comprenez, maintenant !

- Mais comprendre quoi, Holmes ?

Et vous, avez-vous compris ? Sûrement !

ENQUÊTE N°35

Scotch-land

- De la pluie, de la pluie, encore de la pluie. Venir chez votre ami Mc Lowry en plein mois de novembre n'était peut-être pas la meilleure chose à faire, Holmes, dit un Watson trempé jusqu'aux os. Vous auriez au moins pu m'informer de la destination de notre excursion, j'aurais pu prévoir des tenues en conséquence. J'ai à peine de quoi me changer pour le week-end.

- Arrêtez de geindre, Watson. Profitez plutôt du paysage, du bon air pur et de toute cette atmosphère ! Nous allons passer une semaine formidable.

- Une semaine ?! Mais Holmes, vous êtes devenu fou ? Nous avons rendez-vous lundi avec le directeur du British Museum pour…

- Ah, nous voici arrivés ! dit Holmes en pointant du doigt une rustique demeure enclavée dans une crique pleine de brouillard. Vous allez adorer.

Watson s'apprête à rétorquer, mais il soupire et s'avoue vaincu.

Arrivés devant la maison, Mc Lowry, un homme d'environ 70 ans aux cheveux blancs, s'adresse à Holmes en souriant.

- Ah, mon ami, je suis ravi de vous revoir ! Il est arrivé malheur juste avant votre arrivée. Un de mes employés a brisé la bouteille de scotch, 60 ans d'âge, que je nous réservais pour la soirée. Je veux que vous trouviez le coupable, avant toute chose.

- Mon cher Mc Lowry, vous êtes incorrigible. Holmes se tourne vers Watson et lui dit à voix basse :

- C'est une mise en scène orchestrée par notre hôte, une sorte de petit cadeau de bienvenue. Jouez le jeu !

Puis il reprend à voix haute :

- Vos employés sont-ils tous réunis dans le salon afin que nous puissions les interroger ?

- Bien évidement, dit le vieil homme en leur faisant signe d'entrer.

La cuisinière, le jardinier, le sommelier et la femme de ménage sont disposés dans le salon, à la manière d'un tableau. Chacun à sa place, chacun dans son rôle de suspect.

ENQUÊTE N°35

- Je préparais le repas, du stew précisément, quand j'ai entendu un grand fracas dans le salon. Quand je suis arrivée, j'ai découvert la bouteille en petits morceaux sur le sol, dit la cuisinière. J'ai pris mon torchon pour ramasser les plus gros morceaux, afin d'éviter que quelqu'un ne se blesse.

- J'étais dans le jardin, en face du bow-window du salon qui était ouvert pour laisser entrer l'air frais, quand j'ai entendu le bruit d'un objet lourd se brisant au sol, dit le jardinier. J'ai tout de suite lâché ma récolte de gooseberries, j'ai couru pour savoir ce qui était arrivé et j'ai vu la cuisinière qui essuyait le sol.

- Je choisissais un vin pour accompagner le repas que préparait la cuisinière de Monsieur, dit le sommelier. Mon choix s'était arrêté sur une bouteille d'Elbling quand j'ai entendu au-dessus de moi le bruit caractéristique d'une bouteille qui se brise au sol. J'ai couru pour constater le malheur et j'ai vu passer devant moi la cuisinière qui revenait du salon, maculée de scotch.

- J'ai entendu ce fracas et j'ai tout de suite pensé à la tache que cela allait faire sur le parquet du salon, dit la femme de ménage. Je suis allée chercher de la paille de fer et de la cire pour nettoyer les dégâts. En arrivant au salon, j'ai vu que l'on avait déjà ramassé quelques morceaux de verre.

- Eh bien mon cher, dit Mc Lowry, qui est responsable de cette chute dramatique ?

Prenant une grande inspiration et lançant un coup d'œil complice à Watson, Holmes déclame :

- Eh bien, c'est tout naturellement…

Qui est-ce ?

SOLUTIONS

Enquête 1 : Quand Dany Dubridge joue aux échecs avec Sherlock Holmes et qu'il déplace son fou de B5 en E5, il réalise un déplacement latéral, ce qui est impossible pour cette pièce d'échecs qui ne peut se déplacer qu'en diagonale. En faisant ce coup, celui qui se fait passer pour Dubridge, un champion d'échecs, grille sa couverture. Il est venu chez Sherlock Holmes pour voler le trophée de grande valeur avant que son véritable propriétaire ne le récupère.

Enquête 2 : Selon Philip Smith, Herbert Conrad était en train de signer un document important au moment de sa mort. On apprend un peu plus tard par l'inspecteur Lestrade que tous les témoins affirment n'avoir touché à rien depuis la mort du propriétaire. Or, quand Sherlock et Watson inspectent le bureau de Conrad, les stylos-plume sont bien rangés ainsi que l'encrier, et il n'y a aucune trace d'encre sur le bureau ou sur le sol. Philip Smith a donc menti sur les circonstances de la mort de Conrad, et c'est certainement lui qui a apporté les gâteaux dont certains étaient empoisonnés. Philip Smith est l'assassin. Tuer Conrad arrangeait très certainement ses affaires immobilières !

Enquête 3 : Selon le médecin, Marc Poulu a été poignardé à l'abdomen. Le coup de couteau a donc obligatoirement été donné de face. Tous les témoignages le confirment sauf celui de la femme qui prétend que l'agresseur est venu de derrière. Elle n'a pas assisté au crime, elle l'a commis et a tenté d'induire Watson en erreur. Heureusement pour la police locale, Sherlock ne s'est pas laissé abuser, et vous non plus sans doute !

Enquête 4 : Quand Watson apporte le thé, il le sert avec un nuage de lait pour Holmes, qu'il connaît de longue date, mais il ne demande pas à Mlle Alice comment elle le prend, il le lui sert directement avec un sucre. Cela indique qu'ils se sont déjà rencontrés. Ce n'est pas une nouvelle cliente, mais une connaissance de Watson. Sherlock a compris la supercherie quand Mlle Alice a nerveusement remué son thé avec la cuillère pour mélanger le sucre. Espérons que Watson fasse mieux l'année prochaine !

Enquête 5 : Quand Lestrade est allé au domicile de son ami pour tenter de le secourir, il a dû ôter une planche de bois qui barrait la porte. Henry Picko n'aurait jamais pu s'enfermer dans la salle de bains et placer cette planche à l'extérieur. Sa femme mentait donc quand elle a affirmé avoir vu son mari s'engouffrer dans la salle de bains. Elle est très certainement coupable du meurtre. Elle a sûrement infligé un violent coup à la tête de son époux, ce qui l'a tué sur le coup, puis elle a mis en scène son suicide.

SOLUTIONS

Enquête 6 : Quand les membres de la famille donnent leur alibi, l'aîné des garçons explique qu'il était sous des couvertures en train d'écouter la radio avec son frère. Or, l'électricité était coupée au moment du meurtre. Il n'aurait pas pu écouter la radio sans électricité. Il est sans doute à l'origine du meurtre de sa tante. Quant à savoir si son petit frère ou un autre membre de la famille l'a aidé, un interrogatoire plus poussé pourra nous le dire.

Enquête 7 : Selon toute vraisemblance, le voleur serait passé par la fenêtre du bureau de Lestrade. Mais comme l'inspecteur l'a constaté, la pièce était impeccable. L'agent B-35 dit avoir ramassé des bouts de verre dans la rue, sans aucun doute ceux de la fenêtre. Si les débris étaient dehors, c'est que la fenêtre a été cassée de l'intérieur. Vu le travail abattu par l'agent B-72, il est hors de cause. Cependant, l'agent B-24 est l'auteur du vol ou le complice du voleur, qu'il a pu faire entrer dans le commissariat.

Enquête 8 : Comment l'un des voisins peut-il savoir que Mme Bertille était en train de faire des mots croisés alors que le corps de la défunte recouvre toute la table ? Il était forcément dans l'appartement au moment de la mort de la vieille femme. L'a-t-il assassinée ? Ça, c'est une autre histoire.

Enquête 9 : Malgré toutes les suspicions que peuvent avoir Lestrade et Watson, ils n'ont pas remarqué que seule Lady Hannah semble connaître la façon dont le commissaire a été tué. Sachant qu'elle n'a pas pu obtenir cette information dans la presse, c'est qu'elle était sur place au moment du meurtre.

Enquête 10 : Un fait marquant dans les témoignages des voisins est que personne n'a parlé du chien, qui aurait pourtant dû aboyer étant donné qu'il n'aime pas les inconnus. Le voisin d'en face, le voyeur, nous apprend que Mme Wallace a récemment divorcé. Celui qui a attaqué la jeune femme est sans doute son ex-mari, qui a voulu passer ses nerfs et sa frustration tout en récupérant de l'argent au passage.

Enquête 11 : Lors du braquage, le cambrioleur a encapuchonné la tête de la vendeuse. Elle n'a pas pu voir son visage. Il semble quasiment certain que le malfrat qui a proposé une identification soit le responsable du vol, car il savait qu'il ne pourrait pas être reconnu !

Enquête 12 : Watson a toutes les raisons d'être en colère car il semble que le dossier qu'il étudie depuis des heures soit totalement bidon ! Quand on met les noms des suspects bout à bout, on obtient : Jevou - Zaibhi - Ainh Hu, ce qui donne phonétiquement : « Je vous ai bien eu ». Tout ceci n'est qu'une mascarade pour que Watson ne profite pas de sa journée avec sa charmante amie. Sherlock aurait-il peur d'être délaissé au profit d'une femme ?

Enquête 13 : Le témoin a vu le dossard du dernier malfrat à travers le trou de la serrure et grâce au reflet de la vitrine. Il a cru voir 81, mais c'était en réalité le dossard 18. En faisant identifier le participant 18 par le témoin, il s'est avéré que c'était bien le quatrième homme.

Enquête 14 : Aucun ! Le chef de gare ne pouvait pas voir le magasin depuis son bureau car deux trains étaient en gare à cette heure-là (voies 1 et 2) et lui bouchaient la vue. Il ment, il est sûrement de mèche avec le gérant du magasin. Ils se partagent sans doute la recette volée et arnaquent l'assurance.

Enquête 15 : Quand chaque personne est interrogée, elle donne son alibi pour sa fin de journée. Tout le monde sauf la cuisinière, qui précise seulement ce qu'elle faisait le matin. C'est certainement parce qu'elle sait quand le vol a eu lieu. Elle ment et c'est elle qui a dérobé la statue !

Enquête 16 : M. Anicott n'était pas allé aux toilettes, mais il s'était caché dans une pièce attenante, peut-être pour reprendre ses esprits après le meurtre qu'il a commis. La « tache de sang » qu'il a dans le dos n'est sans doute qu'une tache de sauce bolonaise qu'il a dû se faire en assommant la cuisinière.

Enquête 17 : Toute cette histoire de cambriolage est une mise en scène. Premièrement, Holmes et Watson ont été appelés sur les lieux du vol au moment où la neige s'est arrêtée de tomber. Or, sur l'échelle posée contre le mur de la maison, il ne semble pas y avoir de neige alors que la ville en est couverte. De plus, les empreintes de pas sont clairement visibles. Tout indique que l'échelle a été posée après la chute de neige. Deuxièmement, le voleur a utilisé la clef pour ouvrir les vitrines. La femme de ménage a déclaré qu'elle nettoyait les vitrines au moins deux fois par semaine, elle avait donc la clef. Le sommelier, non. Troisièmement, M. Korchus affirme que le sommelier jetait des regards insistants sur sa collection de pièces. Or, la collection est dans le bureau, qui est situé au premier étage. Dans le cadre de ses attributions, le sommelier travaille entre la salle à manger (au rez-de-chaussée) et la cave (au sous-sol). De ce fait, il n'a jamais l'occasion de voir la collection comme le prétend son patron. La vérité est que M. Korchus, avec l'aide de la femme de ménage et du jardinier, a piégé le sommelier.

Enquête 18 : Presque tous les prénoms des enfants de la victime forment les initiales LN. Le pauvre homme, dans son dernier souffle, a voulu désigner rapidement sa fille Hélène, sans penser que cela pourrait semer le doute !

Enquête 19 : C'est élémentaire ! La personne qui a volé la carte ne savait pas dans quel tiroir elle pouvait être rangée, sinon elle n'aurait pas pris la peine de tout fouiller, au risque de se faire repérer. La seule personne n'ayant pas assisté au rangement de la carte est la journaliste du *British Journal*.

Enquête 20 : Il s'agit bien sûr de la femme avec le parapluie, dont la pointe est enduite de cyanure, avec son odeur si caractéristique d'amande amère que Holmes a tout de suite reconnue. Seul un objet long et loin des doigts du tueur pouvait faire l'affaire car le cyanure est un poison extrêmement violent et il s'agit d'être discret.

Enquête 21 : Si les voleurs avaient réellement brisé les fenêtres avec les pots de fleurs avant le cambriolage, comme se fait-il que des livres et des feuillets soient sous les pots en question ? Ils étaient déjà au sol, c'est bien évidemment une mise en scène pour arnaquer l'assurance !

Enquête 22 : Si l'employé de banque avait les yeux bandés, comment a-t-il pu voir la couleur des chaussettes du voleur ? Il ment sûrement. Il cherche à faire accuser son ancien apprenti pour faire marcher l'assurance de la banque et garder pour lui les bons au porteur.

Enquête 23 : Vous avez déjà essayé de faire des étincelles avec du laiton ? C'est impossible. Le jardinier a donc délibérément mis le feu au tas de feuilles, peut-être avec une allumette, impossible à retrouver une fois la combustion achevée.

Enquête 24 : L'alibi de Peter semble totalement faux. Certes, sa nièce a bien fêté son anniversaire, mais il n'aurait jamais pu poster le colis un dimanche car la poste est fermée. S'il a menti, c'est qu'il est coupable !

Enquête 25 : Mme Groven était au téléphone avec son mari quand elle a perdu le contact avec lui. Mais quand les secours sont arrivés sur les lieux, le téléphone était raccroché sur sa base, posée sur le bureau. Quelqu'un a donc tué M. Groven, puis a raccroché instinctivement le téléphone. Il ne reste plus qu'à découvrir de qui il s'agit !

Enquête 26 : Quand Watson sort de la boutique par le trou béant dans la vitrine de la bijouterie, il fait attention de ne pas glisser sur le verre brisé répandu sur la chaussée. Si le verre est à l'extérieur, c'est que la vitrine a été brisée de l'intérieur. Le responsable du vol n'est autre que le propriétaire de la bijouterie, qui souhaite arnaquer son assurance. C'est sans doute pour cela qu'il veut faire réparer sa devanture au plus vite ! Il a sûrement réalisé son erreur.

Enquête 27 : Nous sommes en pleine nuit et le deuxième témoin affirme s'être levé d'un bon. Or, il est en costume trois-pièces, drôle de pyjama ! Il était certainement dehors, occupé à tuer son voisin, et il a couru pour se réfugier chez lui. Comme il savait que les voisins l'avaient sans doute vu ou entendu, il n'a pas menti sur le déroulement des faits pour ne pas attirer l'attention sur lui.

Enquête 28 : Toute l'histoire de James est fort intéressante, mais avez-vous déjà essayé de cacher quelque chose entre les pages 15 et 16 d'un livre ?

Enquête 29 : Sherlock va très vite se rendre compte que, même si la Tamise regorge de poissons d'eau douce et parfois d'eau de mer quelques kilomètres après son embouchure, la ville de Richmond est assez reculée pour n'avoir que des poissons d'eau douce. Or, le mérou ne se trouve que dans les eaux salées. L'effroyable tueur de la Tamise est bien face à eux.

Enquête 30 : Parmi les personnes qui sont passées dans l'appartement de Holmes aujourd'hui, le plus suspect est l'ouvrier de la plomberie qui a fait une constatation d'anomalie sur un câble. Les câbles ne sont pas utilisés en plomberie, mais plutôt des tuyaux... L'ouvrier a dû visiter un bon paquet d'appartements de l'immeuble et n'est certainement pas reparti les mains vides.

Enquête 31 : Dans les journaux, il n'est pas mentionné la façon dont le juge a été tué. Or, le jardinier sait qu'il a été étouffé : il est sans aucun doute le tueur. Il devait avoir un sacré grief contre son patron pour agir de la sorte.

Enquête 32 : Le fleuriste n'a pas eu le temps de monter à l'étage, il a directement déposé le bouquet dans l'entrée de la maison. La femme de ménage et la femme de M. Donovan connaissent certainement l'endroit où la clef du bureau est rangée. Il n'y a que Mme Miller qui ne pouvait pas le savoir. Elle s'est sûrement éclipsée en prétextant aller aux commodités, et en a profité pour voler ce livre, qui devait être au centre de la conversation.

Enquête 33 : Dans les journaux, on ne parle que de la mort d'un héritier, mais Mlle Davies connaît l'identité de la victime : c'est sans doute elle qui a commis le crime. Morgan a peut-être compris la supercherie à propos des avances de Mlle Davies et n'a pas voulu se laisser faire. Elle a donc mis un point final au problème.

Enquête 34 : Essayez d'observer les oiseaux à 4 h du matin par la fenêtre ! M. Wang a donné un alibi plus que bidon !

Enquête 35 : La gooseberry est une sorte de groseille qui ne pousse qu'en été. Impossible pour le jardinier d'en faire la cueillette en plein mois de novembre ! Son alibi est faux, c'est donc lui le coupable dans cette mise en scène.

NOTES

Notes

NOTES

Imprimé en Italie par STIGE SPA
Dépôt légal : février 2020 - 325301/01
N° de projet : 11043001 - février 2020